悪いヤツほど出世する

ジェフリー・フェファー
村井章子 訳

LEADERSHIP BS
FIXING WORKPLACES AND CAREERS ONE TRUTH AT A TIME
JEFFREY PFEFFER

日本経済新聞出版社

Leadership BS
by Jeffrey Pfeffer

悪いヤツほど出世する

はじめに

あまりに多くのリーダーが過ちを犯し、自らのキャリアを台無しにし、職場をめちゃめちゃにしている。この状況を変えたいなら、まずはなぜこうなったのか、原因を理解しなければならない。そこで初めて、一歩を踏み出すことができる。リーダーシップをめぐる数々の「神話」は、輝かしく勇ましくわくわくさせられる物語ではあるが、現状を変える役には立たない。それどころか、ときには一段と悪くする。

私がそう考えるようになったのは、教育現場でのこんな経験からである。私はＭＢＡのコースで組織と権力について教えているが、そこで前著『「権力」を握る人の法則』（邦訳は日本経済新聞出版社刊）の話をすると、「先生の本に書いてあることは、よそで聞く講演やセミナーの内容と食い違っています」とたびたび言われる。また社会人になった教え子からは、「リーダーシップ研修やセミナーで教わることと、先生の授業や周りの人間を観察して学ぶこと（これはたいへんよい方法である）とは全然一致しない」という声もよく聞く。こうした発言あるいは苦情に対して、私はいつもこう答える――リーダーシップについてよく耳にする教えの大半は、事実ではなく期待に、データではなく願望に、科学ではなく信仰に基づいているからだ、と。

リーダーシップに関する通説の影響力はきわめて大きく、多くの人がキャリアの指針としているが、実際にはそれで損をすることのほうが多い。それらを無批判に受け入れていると、現実を正しく評価し、よりよい方向に進むことができなくなってしまう。こうした次第で私はリーダーシップを研究テーマとして取り組むことを決意し、リーダーシップに関するさまざまな著作やブログや講演や、さらには高いお金をとって行われる研修などがいっこうに華々しい成果を上げられないのはなぜかを調べることにした。こうした諸々のものが職場の改善にも、個人のキャリアアップにも劇的な効果を上げていないことは周知の事実と言ってよかろう。

本書は『「権力」を握る人の法則』の続編と位置づけられ、リーダーシップに関する従来の知識やリーダーシップ研修の類いが実際の職場で役に立たないのはなぜかを探る。もしほんとうに役に立たないのだとすれば、人間の行動をもっと別の方法で理解しなければならないし、企業や組織におけるリーダーシップの教え方も変えなければならない。これはまさに前著のテーマだったし、スタンフォードのビジネススクールで私が受け持っている講座「組織における権力」のテーマでもある。

本書を執筆するにあたって、私はシンプルだが野心的な目標を立てた。リーダーシップという今日きわめて重要なテーマに関して、読者に再考を促すこと、そして読者の見方を変え、さらには行動を変えることである。この先一〇年間の読者の職場や読者自身のキャリアが、これまでの一〇年間よりよいものであってほしいと願っている。

現在のリーダーシップ教育は、かつての医学教育と似ている。二〇世紀初め頃のアメリカでは、医療のやり方も医学教育もじつにひどかった。試験もしていなければ効果が確認されてもいない「治療法」がまかり通り、ずる賢くて説得力のある医者が成功し、科学的な知識や医療技術はないがしろにされていた。なにしろ医師は免許制ではなかったから、誰でも医療行為ができたのである。近代医学の基礎を築いたすばらしい医師や科学者もいるにはいたが、偽医者や藪《やぶ》医者のほうがはるかに多かった。多くの医学校は営利目的の私立学校で、学問を教えることよりも儲けることに躍起になり、教育の効果や卒業生の実績（より正確には害悪）を評価することにはとんと関心がなかった。

この惨状を見かねて、カーネギー財団がエイブラハム・フレクスナーにアメリカの医療教育の実態調査を依頼する。フレクスナーは医師ではないが、化学者であり教育者でもあった。彼は一九一〇年にぶあつい報告書を提出する。これを契機に医学教育は変わり、ひいては医学そのものも医療の実践も変わった。既存の医学校の三分の一が閉鎖され、免許制度が発足した。医療行為のよりどころとなる生物医学の学問的基礎を確立するという目標は、まだ完全には達成されていないが、真剣な取り組みが広く行われており、病気の予防や治療に多大な成果を上げている。[*1]

リーダーシップ教育の現状は、まさに二〇世紀初めの医学教育とそっくりである。リーダーシップのコーチになりたければ、どこかのセミナーへ行って何かプログラムを受講すればよい。この手のセミナーは玉石混淆《こんこう》で、よいコーチを育てることもあるかもしれないが、凡庸なコーチも量産している。しかもそんなプログラムを受講しなくとも、明日からコーチになることだって十分に可能だ。

リーダーシップの講師やコンサルタントになりたい人にも、そのためのプログラムが用意されている。だが説得力があって話し上手なら、あるいは魅力的な人柄で興味深い経歴の持ち主なら、リーダーシップについて大いに語ったり、ブログを書いたりできるし、そうしているうちにはコンサルタントにだってなれる。リーダーシップに関する論文を書いたり専門誌に寄稿したりすることはおろか、関連する文献を読んでいなくても、後ろ指をさされることはない。

リーダーシップ開発やリーダー育成に尽力している人の中には、職業意識が高い人や信頼できるすばらしい人たちも大勢いることは認めよう。だがリーダーシップ教育産業が、コーチやコンサルタントの粗製濫造に責任があることもまちがいない。彼らはサクセスストーリーを熱く語り、このとおりにすればきっと成功できると安請け合いをする。どれも心躍るような筋書きで、わくわくさせられる。だがその効果のほどが検証されたことは一度もない。ことリーダーシップに関する限り、フレクスナー以前の医学教育と同じで、データや知識に基づいて行動する人よりも、言葉巧みで説得力のある人が成功している。リーダーシップのカリスマ教祖たちに備わっているのは、科学的知識や実績ではなくて、知名度や人気である。たとえばＴＥＤ（世界的規模の講演会）で講演をした、人気ブロガーである、ツイッターのフォロワー数が多い、リーダーシップ本を書いた、といったことだ。

本書がフレクスナー報告のような影響力を持つ、などといった幻想は抱いていない。だが世の中を見回すと、やる気を失った社員、不満を抱く部下、悩める中間管理職があまりに多く、その一方で、過ちを犯し、職を失うリーダーも後を絶たない。こうした現状を見ると、誤ったリーダーシップ教育のあり方をなんとかしたい、という思いが湧いてくるのを抑え切れなかったというのが正直なところである。スタンフォードのビジネススクールで教える身として、リーダーの行動に関してより科学的な見方を本書で示したいと考えている。本書をきっかけに、いまのリーダーシップ教育を無条件に受け入れることに読者が疑問を感じていただければ、幸いである。

ジェフリー・フェファー

目次

「オーセンティック・リーダーシップ」は、こうして大流行に
ところで、そんなリーダーは存在するのか？
そもそも「真の自分」は存在するのか
「自分らしさ」は臨機応変に捨てよう
心理学的には、「つねに自分らしく」は不可能

第4章

誠実
リーダーは真実を語るべきか？（そして語っているか？）

もちろん、真実を語るリーダーもいる
だが、たいていのリーダーは嘘をつく
リーダー以外の人も嘘をついている

嘘をついて損することは、めったにない
むしろ、嘘はよい結果をもたらす？
ときに私たちは、嘘を聞きたがりさえする

第5章

信頼

上司を信じてよいものか

リーダーに信頼はいらない、そして私たちはだまされやすい
信頼を踏みにじっても、リーダーは罰されない
信頼しすぎると損をする

序章

リーダー教育は、こうして失敗した

部下を失望させるリーダー、会社を破綻《はたん》に追い込むリーダー、社会に害悪を流すリーダーがいる。そして自分自身を破滅に導くリーダーもいる。しかもそうしたことが許しがたいほどひんぱんに起きてきた。

身を誤ったリーダーの近年の代表格は、国際通貨基金（ＩＭＦ）元専務理事のドミニク・ストロス＝カーンだろう。ニューヨークのホテルで客室係の強姦未遂疑惑（最終的に客室係の証言が信憑性を欠き、不起訴となった）が持ち上がらなければ、フランスの大統領になっていた可能性もある。ウェブブラウザFirefoxを提供するモジラの元ＣＥＯ（最高経営責任者）ブレンダン・アイクは、同性愛反対運動に関与していたことが問題視されて辞任した。ヤフーの元ＣＥＯスコット・トンプソンは、学歴詐称（コンピュータ科学の学位を取得していなかった）が暴露されて退任に追い込まれた。

顧客を裏切るリーダーとしては、航空会社の幹部全員を挙げておこう。乗客にひどく不快な経験をさせ続けてきた結果、最良の顧客はプライベートジェットを選択したり、できるだけ飛行機には乗らないと言い出したりしている。アマゾンは、出版社との確執から一部のベストセラーを扱わなかった。銀行もそうだ。時間外手数料や当座貸し越し金利の高さにはうんざりさせられる。

株主を裏切るリーダーにいたっては、ゼネラルモーターズ（ＧＭ）を破産に追いやったリチャード・ワゴナー、リーマン・ブラザーズを消滅させたリチャード・ファルド・ジュニア、小売業界のアイコン的存在だったシアーズを不適切なやり方で買収したエドワード・ランパート等々、枚挙にいとまがない。

そして最悪なのが、社員を路頭に迷わせるリーダーだ。伝統あるメリルリンチに大損害を与え、何千人もの解雇を行ったスタンレー・オニール。ヒューレット・パッカードでレイオフに次ぐレイオフを行ったカーリー・フィオリーナ、マーク・ハード、メグ・ホイットマン。業界再編の嵐の中、大幅な賃金カットや人員削減や年金の骨抜きを画策した航空会社の経営陣（サウスウエスト航空は例外である）等々。

しかもこれらは氷山の一角にすぎない。リーダーシップをめぐる悲劇は数え切れないほどである。

リーダーシップについてはたくさんの本が書かれ、リーダー養成のための講演やブログやセミナーやプログラムが実施されているというのに、なぜこういうことになるのだろうか。リーダーの選抜方法が模索されるようになって以来、一世紀以上が過ぎたというのに、なぜ不適切なリーダーが選ばれるのだろうか。本書ではその理由を探るとともに、事態を改善するにはどうしたらよいかを考えていく。

最初にお断りしておきたいのは、本書はリーダーの数々の失敗をあげつらう本ではないことだ。なぜそうした失敗が起きたのか、原因を理解することが本書の重要な目的の一つである。

リーダーの失敗は報道などでひんぱんに目にするが、その原因を理解する方法は二通りある。一つは「腐ったリンゴ」説とでも名づけることができよう。企業に人を見る目がなく不適切な人材を指名したから、あるいは学校がリーダーの職業倫理をきちんと教えなかったから、あるいは本人がよからぬ倫理観の持ち主だったから失敗した、という見方だ。どんな籠にも腐ったリンゴが交ざるように、たまたまリーダーにふさわしくない人物が紛れ込んでしまった、というわけである。もちろんそうした可能性があることは否定しない。だがこの説明では、なぜ腐ったリンゴがこれほどたくさん出回るのかがわからない。それに状況によっては、この説明はまったく当てはまらない。

たとえばゼネラルモーターズは二〇一四年に、最終的に全世界で三〇〇〇万台を上回る規模のリコール（回収・無償修理）を行った。エンジンを始動する点火スイッチ部分に欠陥があり、走行中にエンジンが停止し、エアバッグが作動しなくなることがあるという。そこから欠陥隠し問題にも発展した。このニュースを知った業界通は、解雇された従業員一五人だけの責任ではなく、企業の体質に問題があると指摘した。[*1] この指摘が正しいことは言うまでもない。まともな人間なら、数十年にわたって続けられてきた欠陥隠しに数人の悪党だけが関わっていたなどと信じるはずもなかろう。結局のところこの会社は、五〇年前にシボレー・コルヴェアで後輪がスピンするとして安全性の欠陥をラルフ・ネーダーに指摘されたときから、いっこうに変わっていなかったのである。*2

リーダーの失敗の原因を理解する第二の方法は、彼らが大方の期待に背くような行動をとってしまう原因を体系的に究明することだ。そのためには社会心理学を援用し、キャリアアップに成功し幹部クラスに到達するまでに必要とされる適性や行動と、リーダーに期待される資質とがいかにちがうかを考えることが必要になる。また、リーダーシップや職場環境の評価基準やリーダーシップ教育のあり方を検討することも必要になろう。私たちは英雄的なリーダーの行動に目を奪われ、客観的な評価を行わず、それどころか評価しようともせずに済ますことがあまりに多い。これでは、現状の改善は望むべくもない。

本書では、この第二の方法を採用する。その目的は、熱心にリーダーシップ教育が行われているにもかかわらず、リーダーの失敗がなぜこうもひんぱんに起きるのか、体系的かつ心理学的に原因を理解することにある。根本的な原因が理解できれば、解決に向けて正しい一歩を踏み出すことができるだろう。

リーダー教育産業の失敗

本書は現状の観察から始めて結論を下し、提言をするという構成になっている。まずは現状観察の結果をかいつまんで言うと、こうだ。

一方には、リーダーシップ教育やリーダー育成に携わる産業が存在する。商売繁盛のこの産業は、なお拡大中だ。書籍、雑誌、講演、ブログからワークショップ、会議、セミナー、企業内研修にいたるまで、リーダーシップに関するありとあらゆる活動が数十年にわたって展開されてきた。そしてリーダーシップを通じて集団や組織のパフォーマンスを向上させるためのさまざまな処方箋が提案されている。なかには調査研究に基づいたものもあるが、そうでないものも少なくない。その内容は、数十年間ほとんど変わっていない。主なものを挙げると、リーダーは信頼を得よ、最後に頼れる人であれ、真実を語れ、人に（とくに顧客や部下に）尽くせ、控えめであれ、思いやりと理解と共感を示せ、等々である。どれもたいへん結構だが、効果のほどは疑わしい。

その一方には、職場の現状がある。やる気がなく、不平不満だらけで、上司は信頼されず、多くの社員が早く辞めたいとか上司を追い出したいと考えている。その結果、どんよりして活気のない職場が蔓延《まんえん》する。こうなると、リーダー自身もいつクビか降格になってキャリアを台無しにするかわかったものではない。これではますますパフォーマンスは上がらなくなる。

この二つの事実から結論を引き出すことができる。それは、リーダーシップ教育産業は失敗した、ということだ。彼らの情熱は認めるとしても、効果があったという証拠はあまりにも乏しい。それどころか数々のプログラムは、世間が思う以上に無益であり、むしろ有害である。その結果、職場にもリーダー自身にも悪影響をおよぼしている。残念ながら、事態がよくなる兆しは見当たらない。

こんなことを言うのは、けっして私一人ではない。リーダーシップをめぐる状況を調査した二人の心理学者によるれっきとした学術論文では、リーダーシップ教育への「こうした支出が……よりよいリーダーを生み出しているという証拠はほとんどない」と結論づけられている。[*3] また、ハーバード大学ケネディ・スクールでリーダーシップを教え、公共リーダーシップ・センターを創設したバーバラ・ケラーマンも同意見だ。ケラーマンは近著の中で、リーダーシップ教育産業は「およそ四〇年にわたる歴史があるが、人材の向上に関して測定可能な有意の成果を上げることに失敗した」と述べ、「リーダーシップというものが人々の憧れの対象になった時期は、アメリカ社会においてリーダーシップの評価が下がった時期とぴたりと一致する」と指摘している。[*4]

長いこと私は、この惨憺《さんたん》たる状況はリーダーシップ教育とは無関係なのだと考えていた。一方にいい気分にさせてくれるリーダーシップ教育産業があり、一方に悲惨な職場があるのは、たまたまなのだろうと。だが観察と調査の末に、リーダーシップ教育産業は長年の努力にもかかわらずよりよいリーダーの育成に失敗しただけでなく、意図せざる結果とはいえ、事態を悪化させているのだと結論せざるを得なくなった。この状況を改善する方法はあるが、後段であきらかにする理由から、その実行は容易ではない。

圧制的な上司やストレスの多い職場に起因する心理的被害、さらには身体の健康被害を憂慮するなら、また、過ちを犯したり燃え尽きたりして退任を迫られるリーダーの人的コストに苦慮するなら、リーダーシップ教育産業の失敗の原因を究明し、是正する必要がある。こうした心配をするのは私一人だけではないと信じる。このテーマに取り組んだ成果を本書で示したい。

本書の構成は、次のとおりである。序論となる本章では、次の四点を検証する。

1　リーダーシップ教育産業は巨大であり、多くの時間と資金が投入されている。

2　アメリカでも世界でも、職場に不満を抱き、やる気をなくし、上司を信頼しない社員はいっこうに減らない(「働きがいのある会社」ランキングに載る企業は例外中の例外である)。

3　マネジャーから経営者にいたるあらゆるレベルで、リーダーが更迭《こうてつ》・解雇されるペースは加速している(一つの理由は、彼らが組織の現実に向き合う準備ができていないからだ)。

4　悪いリーダーが多すぎ、よいリーダーが少なすぎる。よって、リーダーシップ教育産業はリーダーシップの開発にも、次世代のリーダーの育成にも失敗していると言わざるを得ない。

本章では、その原因も探る。大きな問題点として一つ考えられるのは、今日のリーダーシップ開発や研修で、英雄的なリーダーや卓越した企業の輝かしいサクセスストーリーがひんぱんに受講者に語られることだ。その手の物語は、一時的に気分を高揚させ士気を高める効果はあっても、現実の職場には活かせないことが多い。第1章では、精神的高揚や意気込みや闘志といったものは当てにならないこと、よく耳にするリーダーシップ神話の類いは信憑性に欠け、弊害がきわめて大きいことを指摘する。

続く章では、リーダーに求められる資質としてよく挙げられるものを検討する。第2章では謙虚さ、第3章では自分らしさ、第4章では誠実、第5章では信頼、第6章では思いやりである。どれもすばらしい資質だ。リーダーがこれらを身につけ、つねに示すことができるなら、部下はきっと幸福になることだろう。だがどれほど優秀なリーダーであっても、これらをちゃんと実践している人はめったにいない。むしろ正反対のことをしている例が多い。すくなくとも、自分自身の出世をめざすリーダーはそうだと言える。となれば、リーダーが備えるべきものとして選ばれたこれらの資質は、果たして適切なのか、疑問が湧いてくる。

以上の点を踏まえて、第7章では重要な教訓を引き出す。まずは自分の身を自分で守ること、自分を大切にすることだ。リーダーのよき資質がよい結果につながらない一方で、逆の行動が出世や成功につながっていることは、たしかに嘆かわしい。だが結局のところ、嘆いたところで組織における意思決定が変わるわけではないし、リーダー自身のキャリア形成にもほとんど貢献しない。さらに言えば、自己利益の追求が当人のためだけでなく広く社会に資することは、アダム・スミスの時代から現代にいたるまで、あらゆる経済理論が主張するところである。それ以外の経済制度、たとえば利他的で慈愛あふれる父親のような人物に生産や分配や雇用を委ねるといったやり方は、控えめに言っても危険が大きい。

最終章である第8章では、ごくシンプルで重要なアドバイスをしたい。よりよいリーダーになり、よりよい職場を作りたいなら、ひんぱんに語られる都合のいいリーダーシップ神話を信じるのはやめなさい――それだけである。じつは本書では、各章に具体的な提言や助言を掲げてある。だが私はリアリストであり、そうした提言がかんたんに実行できるものなら、もうとっくに実行されていたはずだとわきまえている。

以上のように、本書の目的は単純明快である。役に立たない神話や教訓を満載した本をもう一冊読者に読ませるつもりはない。それでは、読者がキャリアを危うくするのを後押しすることになってしまう。リーダーやリーダーシップ教育の実態をあきらかにし、その原因を突き止めるべき時期が来ていると確信する。私の主張に賛同できない人も、本書を読んだあとではすくなくとも職場の日々の現実を理解するための準備ができ、したがってより効率よく対処できるようになると期待している。それでは、始めよう。

大繁盛のリーダー教育産業

今日では「リーダーシップ」という言葉を毎日のように耳にするし、リーダーシップ絡みの活動も星の数ほどある。ためしに「リーダーシップ」という言葉を論文検索サービスのグーグル・スカラーで検索してみたら、二六四万件もヒットした。一般のグーグルで検索すると一億四八〇〇万件とすさまじい数である。アマゾンで検索をかけると、一一万七〇〇〇件のタイトルがヒットした。

「リーダーシップ」がこうもあちこちに登場するのは、学者もそうでない人も、リーダーシップが企業や組織のパフォーマンスのカギを握る重要な概念だと信じているからだ。このリーダーシップ信仰は根強く、科学的な証拠はあまりないというのに揺るぎもしない。[*5]

リーダーシップ研究の第一人者だったジェームス・メインドルは、組織のパフォーマンスの善し悪しをリーダーシップに求めるこうした風潮を「リーダーシップ・ロマンス」と呼んだ。メインドルらの著書『リーダーシップのロマンス』では、「リーダーシップという概念は、組織の現実に比して不釣り合いに高い地位と重要性を与えられることになった。社会がリーダーシップをひどく重視するようになった結果、この概念は学問的に裏付けのないような光輝を帯びるようになったのである」と指摘されている。[*6]

メインドルらによれば、一般向けの出版物でリーダーシップが言及される頻度は、景気と密接な関係があるという。景気がよいときほど、リーダーシップへの言及やリーダーシップ研究が増えるというのである。この傾向は産業を問わずに認められるという。この結果を踏まえてメインドルは、リーダーシップという概念は企業の大幅な業績改善または悪化を説明するために使われており、企業の業績は一人の人間の力でコントロールできるとする単純化が行われていると指摘する。逆に言えば、業績が悪いときもリーダーをスケープゴートにして、クビをすげ替えればことが済む。

リーダーシップがこれほど重要であって、組織のパフォーマンスが全面的に依存しているのだとすれば、高等教育機関が志願者を増やし寄付を募ろうとしてリーダーシップ教育に力を入れるのも当然だろう。多くの大学が、「我が校はリーダーシップ開発に力を入れている」とか「多くのリーダーを輩出してきた」と喧伝する。そしてビジネススクールは言うまでもなく、他の専門職大学院や一般の大学も、建学の理念としてリーダーの育成を掲げている。たとえばハーバード・ビジネススクールの使命は「世界を変えるようなリーダーの育成」だ。ウェイクフォレスト大学は「これからリーダーになる学生諸君に世界を体験させる」ことを挙げている。マッキンゼー・クォータリー誌によれば、全米で数百にのぼる大学がリーダーシップ・コースを用意しているという。[*7] また規模や特色を問わずあらゆる大学で、リーダーシップ開発センターといったものを設置するケースが増えている。これはもちろん一つにはリーダーシップ教育のためだが、もう一つ、資金集めの手段でもあるらしい。

リーダーシップ教育産業の巨大さを物語るもう一つの要素は、投入される時間と資金である。ケネディ・スクールの講師を務めるバーバラ・ケラーマンは、全米で年間五〇〇億ドルが企業内のリーダーシップ研修に投じられていると推定する。[*8] アメリカ訓練開発協会（ＡＳＴＤ）が二〇一二年に発表した報告によれば、二〇一一年の社員教育研修費用は一五六二億ドルだという。もちろんこの中には、リーダーシップ研修だけでなく、品質管理やスキル開発なども含まれている。ＡＳＴＤは、リーダーシップ関連の教育研修は全体の一二・六％と見込んでおり、これに従えば年間二〇〇億ドルということになる。[*9] マッキンゼーのあるコンサルタントは、アメリカ企業のリーダーシップ開発費用は年間一四〇億ドルと推定している。[*10]

にもかかわらず、職場は不満だらけ

リーダーシップ開発にこれほどの時間と資金が投じられているにもかかわらず、職場の状況は、アメリカでも世界を見渡してもいっこうに改善されていない。やる気をなくした不平不満たらたらの社員であふれている。いくつか証拠をお目にかけよう。

数年前、スタンフォードの同僚である経営学教授のロバート・サットンは、『あなたの職場のイヤな奴』（邦訳は講談社刊）という本を書いた。[*11] この本は多くの読者の熱烈な共感を得て、全世界でベストセラーになった。二冊買って一冊は上司のデスクにこっそり置いてやったという読者が大勢いた。自分の職場のイヤな奴にどう対処するかを学ぼうと、自分のために買って読んだ人はもっと大勢いた。サットンの元には、自分の職場のいじめや侮辱や圧力をことこまかに描写したメールがたくさん送られてきたという。なかには涙なくして語れないようなものもあった。サットンの本がこれほど売れ、読者からストレートな反応があったのは、よからぬリーダーがいかに多いかを雄弁に物語っている。

そしてこのことは、データでも裏付けられている。職場のいじめ調査などでは、怒鳴る、大声で叱責する、威嚇するといった言葉の暴力が報告され、職場の雰囲気がとげとげしくなっている現状が浮き彫りにされてきた。イギリスのスタフォードシャー大学で社会人学生が行った調査では、過去にいじめを受けたことがあると答えた回答者は全体の半数にのぼった。[*12] やはりイギリスの国民保健サービスが一一〇〇人の被用者を対象に行った調査では、三八%が過去一年間にいじめを受けたと回答している。[*13] 国民保健サービスで働く看護師を対象にした調査では、看護師の四四%が過去一二カ月の間にいじめを受けたと答えた。[*14] またジョージタウン大学で経営学を教えるクリスティーヌ・ポラスらの共同研究によると、アメリカの被用者の一〇%は、職場で毎日のようにいじめを目撃しているという。回答者の約二〇%が、週に一回以上いじめのターゲットになっていることもわかった。[*15]

部下をいじめるイヤな上司のいる不健全な職場で働くことは、部下にも上司にも影響をおよぼす。部下はストレスを感じ、精神的にも肉体的にも傷つく。そして、「職場でのいじめや抑圧的な雰囲気のせいで、部下の働く意欲は減退し、パフォーマンスは低下する」。[*16] そして辞めていく人が増える。

とげとげしい職場や威圧的な上司に悩まされる部下は、当然ながら自分の仕事に満足していない。全米産業審議会の委託を受けてニールセンが行った全国調査によると、現在の仕事に満足していると答えた被用者は半分を下回る四七・二％にとどまった。この調査は一九八七年から行われており、仕事に対する満足度は懸念すべき下降傾向を示している。初年度の一九八七年には六一・一％だったのが、二五年後には四七・二％まで下がったのである。しかも、不況からの回復期に一時的に上向いた以外は、一貫して下がり続けてきた。[*17]

二〇一二年にライトマネジメントがアメリカとカナダで実施した仕事満足度調査では、満足していると答えたのはわずか一九％で、回答者の三分の二が満足していないと答えた。フォーブス誌のライターであるスーザン・アダムスは、人材コンサルティング会社マーサー・ヒューマン・リソース・コンサルティングが行った調査の結果を報告している。それによると、全世界で約三万人の被用者を調査した結果、国によってばらつきはあるが、二八～五六％がいまの仕事を辞めたいと答えたという。[*18]

次に、社員のやる気を示すデータを紹介しよう。ギャラップが二〇一二年に発表した調査報告によると、アメリカでは仕事に意欲的な被用者は全体の三〇％にすぎないという。それどころか、二〇％は仕事を怠け、職場の雰囲気を悪くし、会社の評判を落としている。[*19] また一四二カ国で行った調査によれば、アメリカ以外の状況はもっと悪い。仕事に意欲的な労働者はわずか一三％で、二四％が怠けている。[*20] しかもここ数十年で経済のあり方はがらりと変わったにもかかわらず、やる気のある社員の比率はほとんど変わっていないという。ギャラップ以外の調査も同じような結果になっている。要するに大方の社員は自分の仕事がきらいで、やる気がなく、転職を希望している。

一段と問題なのは、部下が上司に不満を抱いていることだ。それも、並大抵の不満ではない。二〇一二年夏にパレード誌がアメリカ企業を対象に行った職場調査の結果を発表したが、それによるとなんと被用者の三五％が、直属の上司の解雇と引き換えなら昇給を諦めてもいいと答えている。[*21]

以上をまとめると、こうなる。だいたいにおいて職場の状況は芳しくない。不健全な職場は社員に悪影響をおよぼす。この状況はアメリカでも他国でも変わらない。また、状況が改善される兆しは見当たらない。したがって、リーダーシップに関する本や講演やブログがどう言おうと、リーダーシップ教育のおかげで職場がよくなったという証拠は存在しない。

リーダーシップ研究の大半は、リーダーシップはリーダーの行動に表れるとし、その成果は仕事満足度、部下の意欲、離職率などで測定できるとしている。となれば、いま挙げたデータはリーダーシップのお粗末さを、ひいてはリーダーシップ教育産業の失敗を意味すると言ってよかろう。リーダーシップに関する最近の研究論文をひもとくと、「リーダーシップのあり方と部下の仕事満足度の関係が近年注目されている」[*22]「マネジメントとリーダーシップは、社員の満足度を左右するきわめて重要な要素である」[*23]「質の高いリーダーシップは、仕事満足度を予測するよい判断材料となる」[*24]といった指摘が目につく。多くの研究が示すように、リーダーシップが部下の仕事満足度や意欲や離職率に影響を与えるなら、職場の実態を示すデータを見る限り、リーダーシップがうまく機能していないことはあきらかである。

クビになるリーダーたち

部下がいじめられたり、やる気をなくしたりする傍らで、じつはリーダー自身も憂き目に遭っている。シリコンバレーのある有名企業をクビになった男（マットとしておこう）が、こんなことを話してくれた。

マットは一流のビジネススクールを卒業し、優秀でまじめで勤勉だ。人柄もいい。だからすぐに別の優良企業で採用され、しかも前よりいいポストを与えられた。こんな人物がなぜ前の企業をクビになったのか。この質問に対する彼の答はこうだ。新技術を開発するすごいプロジェクトに夢中で取り組んでいて、政治的な駆け引きに負けてしまった、というよりも社内に政治的な駆け引きがあるなんてことに気づいていなかった。それに致命的だったのは、上司との関係に無頓着だったことだ。ごまをすることはもちろん、上司に言われたことを何でも最優先して大急ぎでやる必要があるとも思っていなかった。

このうかつなマットは例外なのだろうか。そうではあるまい。やはり一流のビジネススクールを優秀な成績で卒業して有力企業に就職したにもかかわらず、あっさりクビになった男によれば、こうだ。「名門大学を出た人間は、クビになったなんて外聞の悪いことを人には言いたがらない。だけどボクのみるところ、そういう例は世間が思うより多い」。かつてのクラスメートや友人知人の話を総合する限りでは、一〇～二〇％は卒業後二～三年で不本意ながら会社を去る羽目に陥っているという。しかもクビになった理由の大半は、マットと同じらしい。つまり、学校で教わったことを鵜呑みにしていた。そして、現実の職場のありさまに直面して当惑した。彼らは自らリーダーシップを発揮しようとし、上司がまちがっていると感じれば指摘したり、部下からの要望を直訴したりした。こうして自分で自分の解雇通知に署名してしまったわけである。

キャリアに汚点をつけてしまうのは、ジュニア・レベルのリーダーだけではない。シニア・レベルになれば、より厄介な状況が待ち構えている。そうした状況をうまく切り抜けるのがむずかしいことは、上へ行くほど在任期間が短くなり、解雇につながる例が増えていることからもあきらかだ。

全米産業審議会の二〇一二年の報告書によると、CEOの在任期間は二〇〇〇年から短縮傾向にあるという。[*25] またコンサルティング会社ブーズの調査では、CEOの在任期間がかつてより短くなっていることに加え、解雇される例が増えていることがあきらかになった。二〇一一年には、全世界の最大手二五〇〇社のうち一四%ほどで、CEOが交代させられている。CEOの交代劇が最も多かったのは、時価総額ベースでトップ二五〇社だ。[*26] またCEOの在任期間と退任に関するブーズの年次報告を見ると、アメリカだけでなく世界各国で在任期間の短縮化と更迭の頻発傾向がうかがわれる。

ベテランのエグゼクティブ・コーチも同じことを口にする。優秀で勤勉で人間関係にも問題のないエグゼクティブが解雇されるケースが予想外に多いという。解雇や不本意な辞職の危険が高いのは、第一に、社会人になって最初の職場で、個人の能力で成功できるポストから政治的手腕が問われるポストに昇進したときである。第二は、社会人二〇年目の頃だ。この時期には、もし成功していればかなり高い地位に就いていて、周りには頭がよくて実績のある人間ばかりがいる。そうなると、他人に差をつけるには、政治的な駆け引きに足をすくわれないよう、巧みに抜け目なく立ち回る能力が必要になってくる。そしてこれは、リーダーシップ教育産業のカリキュラムにはまず入っていない。

悪いリーダーははびこり、名リーダーはほとんどいない

これまでに挙げたデータを見てもなお、リーダーシップの危機はないと言い張る向きには、別のデータをお目にかけよう。クリエイティブ・リーダーシップ・センターのビル・ジェントリーは、過去数十年間に発表された膨大な研究報告を調べ上げた末に、「リーダーやマネジャーの二人に一人は現時点での職務を十分に果たせていない。すなわち無能力か、不適任か、完全な失敗である」と述べているのである。[27] かんたんに言うと、このリーダーシップの専門家は、リーダーの半分は失敗だと結論づけている。リーダーシップ研究に関する別の報告も「組織の種類を問わず、管理者が無能力である比率はきわめて高い」と述べているし、[28] さらに別の報告も、リーダーシップが期待される地位にいる人の約半分は期待に応えていない、と指摘する。[29]

またマッキンゼーの調査報告によれば、多くの経営幹部がリーダーシップ開発を最優先課題としているにもかかわらず「イギリスのビジネススクールの調査によれば、自社のリーダーシップ開発が成果を上げていると考えるシニア・マネジャーは全体の七％にすぎない。またアメリカ企業の約三〇％が、有能なリーダー不足が原因で事業拡大のチャンスを逃したと考えている」という。[*30] さらにアクセンチュアの調査でも、自社のリーダー育成が成功したと考えるエグゼクティブは八％しかいないことが判明した。コーポレート・リーダーシップ・カウンシルの調査では、「人材マネジメント教育が生産性を向上させた例はたった二％しかない」という結果が出ている。[*31]

企業生産性研究所が一三六七社を対象に行った二〇一四年の「人材開発調査」によれば、回答企業の六六％が、リーダー育成は不十分であり、しかもこの傾向は年々悪化していると認めたという。当然ながら業績不振企業のほうが事態は深刻で、八九％がリーダーの育成は不十分だと答えている。しかし高業績企業でも、後継者が順調に育っていると答えたのは二七％にとどまった。[*32]

人事担当者とライン・マネジャー一万四〇〇〇人を対象に行われた調査では、「自社のリーダーシップのクオリティを『きわめて優秀』または『優秀』と評価したのは人事担当者の二六％、マネジャーの三八％にとどまった。将来の見通しは悲観的で、自社には将来のニーズに応えられる人材がそろっていると答えたのは、人事担当者の一八％、マネジャーの三二％だった[*33]」。

ハーバード大学ケネディ・スクールの公共リーダーシップ・センターが二〇一二年に行った調査では、回答者の六九％が、現在のアメリカは深刻なリーダーシップ不足に悩まされていると答えた。もっとも、その前年に行われた同じ調査では、そう答えた人が七七％もいたのだから、すこしは慰められる。[*34] ハリス・ポールの調べによれば、一九九六年以降、「政府、企業、金融機関のリーダーシップにわずかなりとも信頼感を抱く人の割合は減り続けている」という。一九九六年には九〇％が信頼していたのに、いまや六〇％にとどまっている。[*35]

これだけ大勢の人がリーダー不信に陥っているのは、組織ぐるみの不正行為が呆れるほど多いからだろうか。カリフォルニア大学デービス校教授で企業犯罪にくわしいドナルド・パルマーは、「企業の不正行為が蔓延している。一九九九年に行われたフォーチュン一〇〇社の調査によれば、うち四〇％が、二〇〇〇〜〇五年に全国メディアで報道されるような大規模な不正を行っていることが発覚した」と指摘する。[*36] つまり大企業一〇社中四社が、たった五年の間に重大な不正行為におよんだわけである。しかもこれは、二〇〇七年後半の金融危機よりも前の話である。

リーダーに対する評価が低いのは、研究者や一般の人々だけではない。リーダー自身も、である。人材関連で四五年の実績を誇るデベロップメント・ディメンションズ・インターナショナル（ＤＤＩ）は、広範な調査に基づく白書を毎年発表しているが、それによると「ＤＤＩの二〇一一年グローバル・リーダーシップ予測を含む複数の調査では、リーダー自身が、期待される水準に達していないと認めていることがあきらかになった……リーダーシップ教育に多くの労力と投資が行われてきたにもかかわらず……リーダーの自己評価は下がり続けている。「リーダーシップ開発の成果が上がっているという証拠は見当たらない」という[*37]。とはいえ、この表現はかなり控えめだ。なにしろ白書によれば、回答者の半分を上回る五五%が上司を理由に会社を辞めたいと答えており、三九%が実際に辞めているのである。

なぜこうも失敗するのか？

数十年にわたり、善き意図から熱心にリーダーシップ開発が行われてきたにもかかわらず、職場には不満が渦巻き、リーダー自身も残念な結果に終わるケースが後を絶たないのはどうしたわけだろうか。何か理由がなければおかしい。本章では、リーダーシップがいっこうに向上しない原因をいくつか挙げる。このほかの原因は、後の章であきらかにしていきたい。

リーダー個人と会社の利害は一致しない

ある思慮深いシニア・エグゼクティブとランチをしたときのことだ。彼は私がリーダーシップ研究をしていることも、リーダーや職場に関する芳しくない調査結果もよく知っていて、「御託はいいから、とにかくいいリーダーになるにはどうしたらいいのか教えてくれよ」と私に迫った。私は答えた。「まず、君の中ではどういうリーダーが『いいリーダー』なのか、基準を教えてくれないと答えられないよ。パフォーマンスだって？　じゃあそのパフォーマンスの基準はなんだい？　それとも、できるだけ長く地位を維持すること？　望みうる最高の報酬を手にすること？　他社からより高い地位をオファーされること？　それとも、部下の意欲を高め離職率を下げることかな？」。

要するに、こうだ。リーダー個人の利益と会社の利益が一致しないことはままある。となれば、「いいリーダー」になろうとすれば、まずは両者のトレードオフを理解し、真の優先課題を選別することから始めなければならない。

集団のリーダーと集団自体との利益相反は、社会生物学ではよく取り上げられるテーマである。個体は自らの生存確率を最大化しようと試み、自分が生き延びるために必要なリソースを何としても手に入れようとする。ところが集団の存続は、往々にして個人の犠牲の上に成り立っている。たとえば兵士が身を挺して手榴弾の爆発から仲間を守る、子どもが生き延びられるように親が自分は食べずに我慢する、といった具合に。この分野のある論文は「社会集団が外的条件に適応しながら機能するためには、集団の成員は互いのために尽くさなければならない。だが、こうした集団に役立つ行動の大半は、集団内の個体の相対的な適応度にはほとんど寄与しない」と述べている。[38]

社会心理学の分野でも、集団を効果的に機能させるというリーダーの使命と、リーダー自身にとっての利益すなわち権力の強化拡大との間には、つねに緊張が生じることが認識されている。リーダーには、自己の利益を確保するために他人に強権をふるう誘惑がつきまとう。[39]そしてリーダーはだいたいにおいて、自分のキャリア形成と自己の利益を優先するものだ。

ここで、ディック・コストロの話をしよう。コストロはハイテク起業家で、グーグルからツイッターの最高執行責任者（COO）に転身した人物である。就任前日の彼のツイートは、こうだ。「明日はツイッターのCOOとして初のフル出勤。任務その一——CEOの弱体化と権力の一元化」。これが、二〇〇九年九月一三日のことである。コストロはジョークのつもりだったのだろうし、大方の人はジョークと受けとめたようである。

だがツイートは予言ではないとしても、何らかの力はあるらしい。わずか一三カ月後の二〇一〇年一〇月に、共同設立者であるエヴァン・ウィリアムズに代わってコストロが新CEOに指名された。ウィリアムズはきわめて紳士的な発言をしている。「新しい製品を考えることほど私にとって楽しい仕事はない。創造することは私の情熱だ……だから今日、新CEOを指名した。私は今後プロダクト戦略に一〇〇％専念するつもりでいる」[40]。自ら権力を手放す創業者はめったにいない。結局その後ツイッターを出て行ったウィリアムズが、その稀有な例外の一人だったと言えるのかどうかはわからない。

コストロがCEOまでのぼり詰めたのは、ツイッターにとってよいことだったのだろうか。あるいは、もう一人の共同設立者であるジャック・ドーシーが同社を離れたのはよいことだったのだろうか（ちなみに二〇一五年七月にコストロは辞任し、ドーシーが復帰した）。それは、誰にもわかるまい。ツイッターの株価は低迷したが、幹部交代劇の背後にある理由と同じく、業績を左右する要因も単純ではないからだ。[*41]

組織の利益とリーダーの利益は一致することがリーダーシップという理念の大前提になっており、多くの人がそう信じている。だがそういうケースはめったにない。もし読者が一〇年ほど冬眠して目覚めたら、大勢のCEOや取締役会が会社を破滅に追いやりながら、当のCEOは結構な退職金を頂戴して他社に転じ、取締役たちの大半は安泰である（さらには他社の取締役を兼任している）ことにびっくりするだろう。

組織の利益とリーダーの利益のちがいがさまざまな研究であきらかにされる一方で、リーダーシップ神話は相変わらず、組織のパフォーマンスを高め部下の士気を高めるリーダー像を語ることに終始している。そして、実際にはどんな資質や行動や適性がリーダー自身の満足度に寄与しているのか、ということには目を向けようとしない。長い在任期間、高い報酬、そしてそもそも高い地位にのぼり詰めることこそリーダーにとってうれしいはずだが、そうしたものはいっさい語られない。このことが、よきリーダーのためのプログラムや助言が現実の世界でほとんど効き目がない一つの理由ではないだろうか。リーダーシップ教育産業はリーダー自身の利益に関心を示さないが、本人は大いに関心があるのだから。

実態調査が行われていない

リーダーに示される数々の処方箋の二番目の問題点は、リーダーの行動と職場の結果の間には強い因果関係があるとの前提に立っているにもかかわらず、実際にリーダーは教わったことを実行しているのか、ほとんど実態調査が行われていないことだ。したがって、処方通りに実行されていない場合に（実際、実行されていないのだが）、その原因も究明されないし、対策も立てられていない。いくらよい薬でも、服用しなければ役に立たないことは言うまでもない。その端的な例を一つ紹介しよう。

一八四七年のこと、ハンガリーの医師センメルヴェイス・イグナーツは興味深い事実に気づいた。ウィーンの総合病院で出産した母親の産褥熱《さんじょく》（産道から細菌が入って発症する敗血症）の発生率が、自宅分娩の場合より一〇倍近く高いのである。状況をつぶさに観察したセンメルヴェイスは、医師が手洗いなど十分な消毒を行わないせいで感染が拡がるのだと結論し、カルキを使用した手洗いを提唱した（当時はまだ病原菌の存在がわかっていなかったことに注意されたい）。おかげで平均一〇％に達していた産褥熱発生率は一・五％まで下がった。しかし医者仲間からは敵視され、病院から追い払われて不遇のうちに一生を終える。のちに近代細菌学の父ルイ・パスツールが病原菌の存在をあきらかにし、消毒殺菌が重要であることを示したおかげで、手洗いの大切さがようやく広く認識されるようになる。センメルヴェイスも「院内感染予防の父」として再評価され、名誉が回復された。[*42]

ここまではいい。だが、細菌学が確立されてから数百年が経ち、科学的な証拠が積み上がっているにもかかわらず、病院や診療所での衛生習慣はいまだに徹底されていない。アメリカ疾病管理センターの報告によると、医療機関で手洗いが励行されているのは四〇％程度だという。[*43]

こんなエピソードもある。あるとき医療機器会社の幹部たちが、心臓専門医として名高いロバート・ハウザー博士の案内でミネアポリス心臓センターを見学した。見学後に博士は、何が印象に残ったかと質問した。答は博士の期待したものではなかった。見学者たちは、最先端の医療機器が作動する様子ではなく、どの部屋にも「手を洗いましょう」と大きな文字で書き出されていたことに感銘を受けたのである！

世界でも最先端の病院でこんな張り紙を出さねばならないという事実は、手洗いが医療の質的向上に効果的だとわかっているにもかかわらず、その知識が十分活かされていないことを如実に物語っている。このありさまはどうしたわけだろうか。まず、衛生習慣と病気の関係をきちんと裏付ける調査が継続的に行われてこなかったことが問題である。すでに知識として確立されているからといって、繰り返し強調し指導しなくてよいということにはならない。また大方の医療機関は、知識が普及しているのだからよい習慣は自然に定着するだろうと考えている節がある。それに、手洗いの習慣が励行されたところで、あまり評価されない。きちんと手を洗う医師を称賛する本や記事にはとんとお目にかからない。

とはいえ、保健政策の担当者や公的機関は、二つの重要なことを行っている。一つは、医療行為が行われる多くの場所で衛生習慣の実施率を測定することだ。これによって実態があきらかになり、指導や立入検査などを通じて改善が図られている。もう一つは、医療の専門家や研究者が事態を重く見て、感染防止戦略の策定に乗り出したことである。

医療現場のこうした状況に比べると、リーダーシップ教育産業は怠慢と言わざるを得ない。大量のプログラムやセミナーを提供して助言をするだけで、実践されたかどうか、事態が改善されたかどうか、改善されていないとすればそれはなぜか、といったことを突き止める努力もしていない。彼らは、リーダーはこうあるべきだとか、ものごとはこうでなければならないといった規範的なことにこだわりすぎており、実態はどうなっていて、それはなぜか、という基本的な問いを発していないのである。リーダーと職場の実態が計測されない限り、またリーダーが自らの行動の改善とその結果に責任を問われない限り、状況は変わらないだろう。

知識も経験も資格もない人が、元気よく教えている

リーダーをめぐる状況が改善されないもう一つの重大な理由は、リーダーシップを教えるのに知識も経験も資格も必要ないことだ。つまりリーダーシップ教育産業には「参入障壁」がまったくない。どんな人でもリーダーシップについて本を書くことができるし、講演をしたり、コンサルタントになったり、さらにはコンサルティング会社を興したりできる。そして実際、そうしている人はいくらでもいる。

アクセンチュアの元シニア・パートナーで、現在はメンロー大学学長のリチャード・モランによると、現在リーダー向けにコンサルティング・サービスを提供している人の多くは、一度もリーダーの地位に就いたことがないか、就いたことがあっても不評または失敗した人間だという。彼らが受け売りするアドバイスが自分自身の行動と一致していないのも、驚くには当たるまい。

ロバート・ガンドシーも同様のことを言っている。ガンドシーは人材コンサルティング会

社ヒューイットの経営幹部を務めたのち、人事関係の調査・コンサルティング会社RBLグループを経営している。彼によれば、リーダー向けのコーチング・サービスを提供している人たちの大半は、役員報酬コンサルタント出身者だという。「役員報酬コンサルタントが悪いとは言わないよ。だが、報酬について助言ができるからといって、リーダーシップ開発ができるとは思えないね」

だが実態はもっとひどい。リーダーシップ教育産業に参入する連中の多くは、知識も経験もないうえに、どうも興味もないように見える。付け焼き刃でも本を読むとか勉強をするという気もないらしい。

実際、リーダーシップ・コーチングやコンサルティングで花形になるのに、知識は無用なのである。私自身の経験からほんの一例を挙げると、ある会議でリーダーシップに関する講師を探していた企画担当者は、適任者を見つけたとうれしそうに話してくれた。だがじつは彼が講師を選んだ理由は、なんと「イケメン」だったことらしい。この手の話はいやになるほどよく耳にする。そしてこの実態は、企業内研修やリーダーシップ・セミナーの類いはもちろんのこと、高等教育機関で行われるリーダーシップ教育の様相とも完全に一致する。いまや彼らの目的は、悩めるリーダーや職場の解決策として、目にも耳にも心地よいエンタテインメントを提供することなのである。

そもそも、「リーダーシップ」の概念が曖昧

リーダーシップを教えるのに資格がいらないとか、規範的なことに終始するといったことは、リーダーシップに関して概念や定義が曖昧であることと関係がある。このため、対策や助言も的外れだったり、抽象的すぎてどう実行していいかわからないということになりがちだ。

たとえば、カリスマ的なリーダーシップを考えてみよう。カリスマ性は好ましい特徴のように見える。政治家でいえば、ジョン・F・ケネディやバラク・オバマなどが思い浮かぶ。彼らは、カリスマ性に乏しい対抗馬に比べて断然有利だ。創業間もなく成功を収めて、それを維持しているサウスウエスト航空のハーバート・ケレハー、アップルのスティーブ・ジョブズも同じタイプと言えるだろう。カリスマ的なリーダーシップは、リーダーや組織への帰属意識を強め、愛着や忠誠心を深めるので効果的だとよく言われる。[*44] カリスマ・リーダーは部下を変身させ、やる気を出させ、仕事満足度を高めると主張する研究者もいる。[*45]

だがその一方で、組織行動の専門家であるダン・ニッペンバーグとシム・シトキンは、カリスマの定義は漠然としており、カリスマ性がもたらすとされる効果の心理的メカニズムも十分解明されていないと指摘する。さらに、カリスマ研究の多くは原因と結果を取り違えて

いる、と手厳しい。カリスマ・リーダーの成果とされていることの多くは裏付けがないという。[*46] リーダーシップの概念そのものがこうもいい加減では、有効な処方箋など望むべくもない。ましてそれをリーダーが実行することは不可能と言わざるを得ない。

では、どうしたらいいのか

リーダーシップ教育をもうすこしましなものにする方法はいくつかある。ここでは、いま挙げた問題点から直接導かれる対策を掲げる。

実績を測って、結果責任を負わせる

リーダーシップに限らず、何事もクオリティを高める原則の一つは、点検し計測することである。計測して数字で表すことで、とにもかくにも問題がはっきりする。ところが先ほどのガンドシーも認めるとおり、リーダーシップの改善度に関する調査はほとんど行われていない。企業や大学が後援するリーダーシップ開発プログラムやコーチングなどの効果測定も、である。まして本や会議やブログについては言うまでもない。

計測可能な数値が存在する場合に限り、いくつかの数字が公表されるが、それらは単なる

量である。つまり、セミナーやイベントや講演の回数、研修の時間数、参加者の数などだ。言い換えれば、リーダーシップ開発に投じられた、または消費されたリソースが発表されるだけで、効果があったかどうかはわからない。本や講師の場合には、よいものはよく売れるという前提で、売上部数や講演料が誇らしげに喧伝される。だがひっぱりだこだからといって効果があるとは限らない。

このほかの「計測値」としては、おなじみの「ハッピーシート」なるものがある。会議や研修などのイベント後に、参加者が「満足した」とか「有意義だった」といった項目にチェックマークを入れ、感想などを書き込んで提出するアンケート用紙のことだ。企業生産性研究所が発表した二〇一二年のグローバル・リーダーシップ開発報告によると、リーダーシップ関連プログラムの評価方法として最も多用されているのは、参加者による満足度評価だという。[*47]

この程度のことで驚いてはいけない。受講者自身による満足度評価は、多くの大学や会議などでもひんぱんに行われる。たとえば学生による授業評価は、何らかの評価方式を取り入れているビジネススクールの九九％以上ですっかり定着している。だが最近行われた分析では、学生による評価と学習効果との間には統計的に有意な相関性は見られない、との結論が下された。「学習効果の計測が客観的であるほど、学生による評価との相関性は薄れる」という。[48] 別の分析も、「学生による教員ランキングと学習効果の間には有意な相関性はない」との結論に達している。[49] これを読んだらたいていの人がこの種の評価を信用しなくなるだろう。ペンシルベニア大学ウォートン・スクールのスコット・アームストロングは、「学習というものは変化を要求する。そしてこれは、辛いことだ。重要なふるまいや態度の変化に関わる場合には、なおのことである」と指摘する。[50] そしてリーダーシップ開発は、まさに重要なふるまいや態度の変化を要求する。よって、効果が上がるのは辛い経験であるはずだ。こうしたわけだから、数十年も前から数々の実証研究で指摘されてきたとおり、学生による評価はマイナス面が多い。学生が授業や教員を評価するとなれば、教員のほうは多少手加減して評価を高めようとする。すると教育の効果は薄れてしまう。アームストロングが「教員評価は学生に不利益をもたらす」と断言する理由の一つは、ここにある。[51]

企業生産性研究所は二〇一三年に、リーダーシップ関連プログラムの評価方法として参加者の行動変化を観察するようになったと報告している。それでも参加者による満足度評価はいまだに二番目に重視されており、プログラムの成功の指標とされているという。ちなみに直属の部下による評価の位置付けは六番目であり、これを実施しているのは回答企業の三六%にとどまった。[52]

これでは職場の状況がいっこうに改善されないのも無理はない。リーダーシップ教育の直接の目的であるはずの職場の満足度を計測せずに、プログラム参加者の、つまり「お客さま」の満足度を計測しているのである。プログラムにご満足いただけましたか、楽しんでいただけましたか、と。マッキンゼーのコンサルタントによる論文では、リーダーシップ開発プログラムが成果を上げられない理由を四つ挙げ、結果を計測していないことがその一つとされている。プログラムを提供するだけで効果の追跡調査には投資しておらず、「プログラムの効果測定は、参加者本人によるフィードバックで済ませている例があまりに多い」という。[*53]

それだけではない。まちがったものを計測するのは、何も計測しないより悪いことが多い。なぜなら、計測したものに囚われるようになるからだ。どれだけ多くの人が楽しんだかを計測し、それがプログラム（あるいは本、講演、セミナー）の成功の指標になるとすれば、当然ながら参加者をより楽しく、より心地よくさせようということになる。端的に言って、プログラムが楽しいかどうかを計測していたら、参加者はより楽しくはなるだろうが、態度や行動が変化するとは期待できない。

それに、見当違いの指標を計測することにかまけていたら、本当に重要で適切な指標が計測されなくなる。何かを改善したいなら、それが直接反映されるような指標を計測しなければならない。リーダーシップの場合には、計測すべきはリーダーとして望ましい行動の頻度、部下の意欲、仕事満足度、リーダーへの信頼度など職場の状況、リーダー自身のその後のキャリアなどである。ところがこれらは計測されていないうえに、そうした不備がリーダーシップ教育産業で議論されたこともない。

職場がいっこうに改善されないことについて、リーダーシップ教育産業は責任をとるつもりはないようだが、リーダー自身もそうらしい。すくなくとも、大方の企業のリーダーがそうだ。だいぶ前のことだが、ヒューレット・パッカードがまだすぐれた企業文化を誇り、経営幹部も文化の維持に心を砕いていた頃には、職場のユニット単位で匿名の社員満足度調査が実施され、その結果にリーダーは責任を問われていた。営業成績がよくても、部下の意欲やリーダーに対する信頼感が不足しているという調査結果が出ると、昇進はできなかったという。

人工透析サービスのダヴィータは同じような調査を実施し、結果を重視している。ヘルスケア企業としての価値観を損ねるようなふるまいがあったとして、現に解雇されたリーダーもいるほどだ。またソフトウェア開発のSASインスティチュートでは、共同設立者でCEOのジム・グッドナイトがマネジャーの評価をするにあたり、求心力と部下の定着率を重視している。離職率が基準を上回ると、マネジャーが解雇されるケースもある。

だがこのように企業文化や職場の健全性を重んじる姿勢は、例外中の例外である。企業文化を大切にせよとか、人材こそが最重要資産である、といったご高説はよく耳にするが、実際の行動が伴われる例は稀だ。私が小耳に挟んだ限りでも、社員満足度調査の結果が気に入らないからというので、調査を打ち切ってしまうリーダーは少なくない。あるＣＥＯはこう言い放ったとされる。「わざわざ社員の意見など聞いて徒《いたずら》に期待を高める必要がどこにあるのか。どのみち社員がどう思うかなど、こっちは気にしていないんだからね」

リーダーの行動を計測し、さまざまな提案や助言が実行されたかどうかを評価することは、職場と部下の現状を浮き彫りにし、改善していくうえで大きな効果があるはずだ。というよりも、それなしには改善は期待できまい。

リーダーと会社の利害の不一致を認識する

すでに述べたように、リーダー個人と会社の利害は往々にして一致しない。この点をしっかり認識するためには、測定・評価の対象を拡大し、職場の状況や部下の満足度だけでなく、リーダー自身のキャリアも含める必要がある。昇進・昇格、報酬、他社からの引き抜きなどを調べるとよいだろう。これらの点を確かめると、後の章でもたびたび触れるように、リーダーの個性や行動が会社のパフォーマンスに貢献したのか、本人の成功に貢献したのかが見えてくる。まずはなぜ利害の不一致が起きるのかを理解したうえで、どちらにとってもよい結果をもたらすことは可能なのかを考えなければならない。

もっと科学的な方法を採用し、資格を重視する

医療が証拠に基づく科学になり、それに伴って治療結果が向上し、医療自体も大幅に進化し始めたときから、医師たちはプロフェッショナルとして職業倫理の向上に熱心に取り組んできた。断片的な事例やエピソードよりも系統的な証拠を優先すること、可能な限り最善の証拠に基づいて治療を行うことなどがその一例だが、何よりも重視されたのは、医療関係者はつねに最新の知識を身につけること、最低でも医学の進歩に後れをとらないことだった。専門職大学院としてメディカル・スクールがまず設置されたのはこのためである。医師として開業したい人は必ず免許をとり、その後も学び続けなければならない。

何かの病気をたまたまうまく治せたからといって、専門的な教育を受けていない人がその治療法を人々に宣伝するなどということはあり得ない。だがこのあり得ないことが、リーダーシップの分野では起きている。リーダーとして華々しい成功を収めたとか英雄的な行為をしたといったエピソード（しかも裏付けはなくてもかまわない）の持ち主なら、誰でも堂々とリーダーシップを教えることができる。

もちろんリーダーシップ研究や教育には、しかるべき訓練を受けた経験豊富な人たちも大

勢携わっている。だが先ほども述べたように、この業界には参入障壁がない。科学的な裏付けの有無と、リーダーシップ教育産業で成功するかどうかは、ほとんど関係がないのである。

本章で論じたように、リーダーシップ教育産業は、「楽しくてためになる」プログラムをマスターすれば、リーダーは部下に慕われ、職場の雰囲気と効率は向上し、リーダー自身はキャリアアップできるという仮定の下に成り立っている。だがこの仮定はまったく正しくない。ときには正反対のことをしたほうが、結果がよいほどである。さらに言えば、リーダーシップ教育産業がやっていることの反対をするほうが、リーダー個人の成功につながる可能性は高い。何事もそうだが、リーダーシップに関してもトレードオフが存在する。個人の利益と組織の利益の不一致が、これほど長い間リーダーシップが機能不全に陥っていた大きな原因の一つだと考えられる。

それでは、リーダーシップ教育産業が熱心に教えることを一つひとつ吟味する前に、次章ではもう一つ重要な点に触れておきたい。世間に流布している美しいリーダーシップ神話の弊害である。

第1章

「リーダー神話」は、百害あって一利なし

二〇一三年の五月のことだ。私はバルセロナで開かれたエグゼクティブ・プログラムを締めくくるディナーに出席していた。私が教えたのは、いつものとおり、組織内の権力のダイナミクスについてである。

権力は、ハーバード・ビジネススクールのロザベス・モス・カンター教授が三〇年以上前に指摘したとおり、組織に最後に残された知られたくない秘密である。上品な人は口にしない——まして、エグゼクティブに教えるなどとんでもないとされていた。[*1] さらに、こうあってほしい理想の組織像ではなく、組織の現実をありのままに示す私のアプローチは、なかなか受け入れがたいものがあるらしい。パブリッシャーズ・ウィークリー誌は、権力に関する私の著書について、「人間の行動の現実を鋭くえぐり出した分析は、万人に向くとは言えない。この本を読めるのは真実を見つめられる人だけである……とはいえ同書の率直さは新鮮であり、魅力的でもある」と評した(この批評は、私の講座にも当てはまる)。[*2]

この夜にプログラムを終えた受講者たちはくつろいでおり、中の一人はあきらかに飲み過ぎていた。この男は、自分のテーブルを離れて私のところへやってきた。もう抑制が効かなくなっており、私の講義内容に文句を言うつもりらしい。いや正確には、私が言わなかったことについて苦情を言いたいのだった。

「私は感動を求めて来たんだ」と彼は言う。「たしかにあなたは、研究の成果を教えてくれた。組織の現実の中をどう泳ぎ切るかもね。だが私は感動を期待していた。生徒を感動させるのは先生の役割だ」。私はこう答えた。「感動したいなら、芝居や映画を観るか、感動的な本を読むことだ。音楽を聴くのも、美術館に行くのもいいだろう。あるいは宗教や哲学に救いを求めるのも悪くない。だが私は社会科学者であって、宣教師ではない」。

だが酔っぱらった男はがんばった。「いや、経営学の先生なら、感動と勇気を与えてくれなくちゃだめだ」。やれやれ。だが、かつての教え子と食事をしたときにも、同じようなことを言われた。「ボクは毎日、身も心もすり減るような仕事をしているんです。だから希望と勇気を与えてほしい」と。

前章でデータを挙げたように、多くの人が毎日職場で身も心もすり減るような思いをしている。仕事のできない上司や部下をいじめる上司に辟易《へきえき》している人も大勢いる。だから多くの人が、ビジネススクールやリーダーシップ・セミナーに感動や希望を期待するのだろう。そこでリーダーシップ教育の供給側は、「お客さま」の期待に応えようとする。たとえば、ベルギーのガント大学に属すヴレリック・ビジネススクールのウェブサイトを見てほしい。そこには「感動を与えるマネジメント・コース」と書かれている。[*3] ヴレリックだけではない。シドニーのニューサウスウェールズ大学に属すオーストラリア経営大学院も、ウェブサイトで「私たちは感動的な学習体験を提供します」と宣言している。[*4]

「感動を与える」とか「感動的」といった言葉は、学問の場を形容するにはおよそ似つかわしくない。私の記憶する限りでは、医学部や工学部やロースクールの謳《うた》い文句に「感動を与える」といった表現を見かけたことはない。知識を身につけ自らを成長させるのに役立つのは、グローバルな視点から緻密に構築された革新性と先見性にあふれる科学的な教育である。感動や希望が役に立つとは思えない。

職場をよりよくし、部下の意欲や満足度や生産性を高めたいと本気で思っているなら、あるいはリーダーとしてのクオリティを高め、キャリアアップをめざしたいなら、感動体験に用はない。必要なのは、事実であり、データであり、アイデアだ。激励や応援はスポーツの試合には役に立っても、職場やキャリアの問題解決にはならない。本章では、感動や希望や元気を与える類いのストーリーやプログラムが、役に立たないばかりか有害である理由を示す。

とはいえ、私のような辛口の見方をするのは、ごく少数派である。リーダーシップに関する本も講演もプログラムも、受け手が望むものを潤沢に与えている。知見ではなく激励を、教育ではなく楽しみを、そして絶望ではなく希望を。それで何が悪いのか、と彼らは言うだろう。現実は十分に困難で、意気沮喪《そそう》させられる。そのうえ誰が、情け容赦のない事実や冷酷なデータを知りたいだろうか。というわけで、リーダーシップ教育産業はお客が欲しがるものを提供している。だがそれが必要なものかどうかは別問題だ。

はびこるリーダー神話
——なぜ信用できないのか？

リーダーシップを科学するには、信頼できるデータが必要である。他人の成功から学ぶには、その他人が何をしたのか、知らなければならない。定性的であれ定量的であれ、正確で総合的なデータこそが学習の出発点になる。だがリーダーシップ教育で次々に提供されるのは神話や寓話の類いだと言わざるを得ない。自伝や半ば自前の評伝や講演、ケーススタディの中では、すばらしいリーダー像がこしらえ上げられる。またリーダシップの教科書や教材の中で、リーダーたちは自分自身や自分の業績について自分が信じたいことを語り、さらには戦略的に、他人に信じてほしいことを語る。リーダー自身が話すことや自分の代わりに他人に言わせることは、魅力的な伝説を生み出すように入念に練り上げられているのである。

これらのストーリーは、控えめに言っても信用できない。よいイメージを演出するために作られているのだから当然だが、厳しい吟味に堪えられるようなデータの裏付けに乏しい。それどころか、データなどまったくないこともある——宣伝をデータと呼べるなら話は別だが。こうした例は枚挙にいとまがないが、ここではそのほんの一例を挙げておこう。

数年前、医療機器・技術のメドトロニックの元CEOで現在はハーバード・ビジネススクールの教授であるビル・ジョージが、教え子でコンサルタントのピーター・シムズと共著で『リーダーへの旅路』(邦訳は生産性出版刊)という本を書いた。[*5] ベストセラーとなったこの本では、オーセンティック・リーダーシップ、すなわち自分らしさや自分の価値観の大切さを強調している。同書が出版された当時、私はある上場企業の社外取締役を務めていたが、たまたま同じ取締役会のメンバーにメドトロニックの財務担当エグゼクティブだった人がいた。この人と『リーダーへの旅路』の話になったとき、私が本で知ったメドトロニックの経営方針を称賛すると、彼は意外なことを言ったのである。「あの本に書かれていることと、ビル・ジョージが実際にやったこととは同じとは言えませんね。とくに彼が出世の階段を上っているときにやったことはね」。

製薬業界で長く働いてきて、メドトロニックのこともビル・ジョージのこともよく知っている人物は、『リーダーへの旅路』に書かれていることは、ジョージ自身の功績というよりも、前任者によって培われた文化によるところが大きい、と辛辣な見方を示した。「ハーバードでいまジョージが教えていることは、彼がメドトロニックで実際にやったことよりも、本に書いてあることに近いようだね」。

だからといって、ビル・ジョージを批判するつもりは毛頭ない。彼は誠実で有能な人物で、よいリーダーを育てたいと心から願っている。ただ、ほんのすこしだけリーダーシップ教育産業界の人間に似ていた。つまり、自分のほんとうの姿よりも望ましい姿のほうを書いたのである。

読者は、ジャック・ウェルチがゼネラル・エレクトリック（GE）について書いた本を読んだことがあるだろうか。本の中には、「GEジャーク（いやな奴）」という言葉は一度も出てこなかったはずだ。だが私は、GEの元シニア・エグゼクティブで、かつてウェルチの直属の部下だった人からこの言葉を聞いた。人使いが荒く、競争の激しいGEで鍛えられた押しの強い社員をこう呼ぶらしい。GEの人事部で長く上級職に就いていた彼の夫人も、GEにいたほかの友人もこの言葉をよく知っていた。さらに言えばウェルチの著書では、経営や業績のことは語られていても、在任期間中に起きた公害訴訟や価格操作や防衛関連の不正には触れられていない。[*6]

リーダー自身の語るストーリーが信用できない理由の一つは、人間はどうしても自分をひいき目で見がちだということにある。誰しも自分のことはよく思いたいものだ。だから、たいていのことに自分は平均以上だと考えたがるし、自分が秀でている（と思う）ものこそが重要な資質だと思い込む。全員が「自分は平均以上」だと主張するという珍現象が起きるのは、このためだ。[*7]

しかも人間は、うまくいったことだけを覚えていて、自分にとって都合の悪いことは忘れがちである。リーダーにしてみれば、自分のすぐれた業績を覚えていてほしいし、よからぬ行動は忘れてほしいのがふつうである。たとえ自分は覚えていても、公表するはずもない。本に書かれないのは、こうした次第である。

しかも人間には、自分をひいき目で見がちなだけでなく、過去の出来事を錯覚しやすいという傾向も備わっている。できるだけ正直に、できるだけ正確に思い出そうとしても、である。事故や犯罪の目撃者の証言がいかに信用できないかを立証する文献は、がっかりさせられるほど大量に存在する。過去を隠そうとか捏造《ねつぞう》しようといった意図がいっさいなくても、記憶というものは誤りが多く、当てにならない。*8

そのうえリーダーとしての自分の体験を本に書き講演で話すとなれば、記憶の錯覚はいよいよ強固になる。何度も繰り返し自分にとっての真実を話すうちに、どれが真実で、どれが真実と思い込んでいるものなのか、もはや区別がつかなくなってしまうのである。作家のベン・ドルニックは次のように書いている。

ウィリアム・マクスウェルは、「過去の出来事を話すとき、私たちは息を吐き出すたびに嘘を吐いている」と書いた。初めてこの文章を読んだとき、記憶はまちがいやすいという意味だと誤解した。だがいまでは、人間は話すときも書くときも事実を歪曲しがちだという意味だと理解している。ほんとうにふしぎなのだが、書き始めたとたんに……それが自分の経験とごっちゃになり、そのうち書いたことは全部自分が経験したことだと錯覚するようになる。[*9]

さらに、多くの進化心理学の研究であきらかにされているように、自己欺瞞《ぎまん》には利点がある。誰もがやっているのはこのためだ。自己欺瞞は、進化にとって有利に働く。自分自身をだますことができれば、自信を持って容易に他の個体をだませるからだ。そして、うまくだましおおせたことから得られる利益をまんまと享受できる（托卵、擬態など）。進化心理学者のロバート・トリヴァースと心理学者のウィリアム・フォン・ヒッペルは、「人間の知覚にバイアスがかかっているという事実は、さまざまな方法で自己欺瞞が行われており、場合によっては真実の無意識の知覚さえできなくなる可能性があることを示唆する」と指摘する。[*10]

となればリーダーが語るストーリーは、もっと言えば誰が語っても、当人の自覚なしに事実と異なる可能性がある、ということだ。なぜなら語っている当人は、完全な自己欺瞞により、事実と信じ込んでいるからである。自分をよく見せたいという動機があるうえに、無意識のうちに記憶を錯覚したり自己欺瞞をしたりするとなれば、事実を検証せずに過去の体験談などを鵜呑みにするのは、どう考えても賢明ではない。

こうした認知バイアスの存在が学問的にも確かめられているにもかかわらず、私たちはリーダーシップ神話を受け入れやすい。それどころか、すっかり信じ込んでまねようとする。というのもこの種の神話の筋書きは、「世の中はうまくできている」と考えたがる私たちの傾向にまさに応えてくれるものだからだ。「世界は公正であり、善は報われ悪は罰される」という世界観のことを「公正世界仮説」という。この誤謬《ごびゅう》に囚われると、「成功した人には成功するだけの理由があるのだ」ということになる。[*11]だからサクセスストーリーは無条件に支持される。そもそも私たちは信じたがっているのだし、希望を求めているのだ。事実を確かめようなどと考える人はめったにいない。

それに神話であれ、寓話であれ、自伝であれ、ストーリーは無味乾燥な数字よりはるかに印象的だし記憶にも残る。このことは、チップ・ハースとダン・ハースの『アイデアのちから』(邦訳は日経BP社刊)でも強調されているとおりだ。[*12]リーダーたちのストーリーは、完全な捏造というわけではない。事実からの多少の逸脱だったり、誇張だったり、演出だったりするので、始末が悪い。読み手があっさり信じてしまうのも無理はないと言えよう。

リーダーたちのストーリーの多くは気高く英雄的であり、神話を思わせるとともに、読者にいくらか宗教に近いものを感じさせることだろう。それにはちゃんと理由がある。宗教は、見えない力に支配されているという感覚、最後は正義が勝つという信念、世の中のすべてには意味があるという理解へと信者を導くが、リーダーシップ神話もまさにそのようにできているからだ。リーダーシップについて熱く語る講演者たちを私が「宣教師」と呼びたくなる理由も、ここにある。

ジークムント・フロイトは『幻想の未来』（邦訳は光文社刊）の中で、宗教の役割について次のように語っている。

> 教義などと称する宗教的なイメージは、経験から生まれたものでも、思考の最終的な結果から生まれたものでもない。これは幻想にすぎないのだ。これは人間のもっとも古く、もっとも強い緊急な願望を満たす役割を果たしているのである。宗教的なイメージの強さの秘密は、この願望の強さにある……寄る辺なさの恐ろしい記憶のために庇護の欲求が生まれ……父なる神の存在にすがるようになったのである。慈悲深い神の摂理が人間を見守っていると信じればこそ、人生の危険への懸念も和らげられる。宗教によって道徳的な世界の秩序が確立されると想定することで、人間の文化の内部ではごく稀にしか満たされない正義への要求も保証されるようになる。*13

ここで「宗教」や「神」を神話の中のリーダーに置き換えて読めば、真偽はともかくリーダーシップ神話が次々に作られ語り継がれる理由がおわかりいただけるだろう。しかしリーダーシップ神話やリーダーのサクセスストーリーを信じ込むのは、以下で挙げるように悪影響が大きい。これらのネガティブな要因は、部下にとってもリーダーにとっても負の効果に直結する。

神話の弊害その1：まともなことにまで不信感がつのる

リーダーであれ誰であれ、真実とちがう話をしたところでどうだというのだ、と言う人がいるかもしれない。信じたい人には信じさせておけばよい、と。だが真実でない神話が流布するのは大いに問題である。まず何よりも重大なのは、すでに指摘したように、成功したリーダーの行動が脚色されているとなれば、そこからは何も学べないことだ。

以前にカクテルパーティーで、ある起業家と立ち話をしたことがある。彼はリーダーシップ教育産業に知人が多く、ビジネスケースのライターもしていたという人物だ。この人物が、ある著名なシニア・エグゼクティブをこきおろした。あの男はリーダーシップについてあちこちで講演をしているが、話していることとやっていることが全然ちがうという。そこで私は「いいじゃないか、それを聞いてみんながよろこぶなら」と言ってやった。

　するとこの起業家は憤然とした。自分は、あのシニア・エグゼクティブの言行不一致を知ってものすごくショックを受け、がっかりした。リーダーが誇らしげに語ったことと実際の行動とが一致しないと知ったら、たいがいの人は落胆し、裏切られたように感じるだろう。そうした偽善が繰り返されたら、そのうちみなしらけてしまい、リーダー不信に陥るだろう。事実に基づくアドバイスではなく、神話で人々に高揚感を与えようとしても、結局は両方に失敗する、と彼は断言した。事実でなく虚構とわかったら高揚感は失われる。データに基づく理論でなかったら、有効なアドバイスにはなり得ない。

　ほかにも問題はある。リーダーシップ教育産業が教えることと企業の現実とがあまりにかけ離れていることに気づいた人たちは、リーダーシップ教育産業に不信感を抱くだけでなく、リーダーシップを扱う社会科学全般に対してまで、あやしげな学問として不信の目を向けかねない。大々的に宣伝され、テレビ番組でも取り上げられるようなリーダーシップ研修や書籍を信用できないとなったら、同じテーマを扱う学問的研究まで信用しなくなるのももっともと言えよう。だがまじめな研究にまで人々が冷笑的な反応をするようになったら、事実とデータに基づくリーダーシップ・スタイルを確立することはますます困難になってしまう[*14]。

神話の弊害その2：出世競争に敗北

シリコンバレーの著名企業で働く女性（仮にジェーンとしよう）から相談を受けたことがある。ジェーンは革新的なマーケティング分析により四〇〇万ドルの利益を会社にもたらし、た。この功績と学歴や専門技能を買われて大抜擢された。部門のトップとしては最年少であり、入社年度も最も若く、唯一の女性でもある。すると、どうだ。別の部門のトップ（男である）が、両部門を束ねる役員のところへ行って、マーケティング分析部門を自分の部門の配下に置くほうがよいと進言したのである。自分の縄張りを拡大し、優秀な部下を増やし、業績を上げるには手っ取り早くてスマートな方法だ。

あなたはどう対応したのか、と私は質問した。すると、その男との関係を修復しようとしたという。本音を話し合い、信頼関係を形成しようと試みた、というのである。「なんでまたそんなことをしたんだ？」と私は思わず言った。すると、リーダーシップ研修でそう教わった、職場では真の信頼関係を築くことが大切だ、そのためには誠実に相手に向き合う必要があると教えられたという。「で、首尾はどうだった？」と私は訊いたが、答はすでにわかっていた。案の定、うまくいかなかったという。当然だろう、相手は「人間関係の修復」

にも「真の信頼関係の構築」にもまったく関心がない。彼の関心事は彼女の部門を乗っ取って自分の地位を強化すること、それだけである。ありふれた話にはちがいない。

事態が思わしくないと気づいたジェーンは、あわてて役員に事情を説明し、さらには人事部長にも訴えた。彼の行為は会社の文化にも反するし、会社で行っているリーダーシップ研修にも反する、と。だがどちらの場合にも、あなたは脇が甘い、もっと自分の身の回りに注意することだ、と言われただけだった（この点については第7章でくわしく触れる）。いまではジェーンは、別の州の別の会社で働いている。

このように、リーダーシップ教育で教えられたことを鵜呑みにしていると、職を失ったり昇進の機会をふいにしたり、しかねない。もう一つ例を挙げよう。南米のあるヘルスケア企業のCEO（仮にマーティンとしておこう）の話である。マーティンは非常に才能のある頭のいい男で、アメリカの一流ビジネススクールも卒業している。一つ欠点を挙げるとすれば、あまり押しが強くないことだった。そのせいなのか、ある日創業者から解任されることになってしまう。私は評判を傷つけずにスマートに退任する方法を彼にコーチングし、ある製薬会社の南米担当役員におさまることができた。

さて、彼がかつてCEOを務めていた会社がある大手ヘルスケア企業に買収された。この大手企業のトップはすでに高齢であるため、日々の事業を切り回すCOOを探しているという。マーティンは適任ではないのか——残念ながら答はノーだ。ある会食の際に、この事情をよく知る人物（リーダーシップ教育産業の大物でもある）と話す機会があったので、マーティンは候補に挙がっていないのか、と訊いてみた。すると彼は、即座に答えた。「新しいオーナーはマーティンを評価していない。リーダーの器ではないからだ」。

それはどういう意味か、と私は重ねて質問した。なにしろマーティンは事業運営にも市場分析にもすぐれていたし、企業文化の育成にも、信頼できる人柄にも定評があったからだ。だが彼はそうしたことにはいっさい触れず、マーティンは必要なときに怒りを示すことができない、強引さが足りない、自信もなさそうに見えると指摘した。

これはまた、驚くべき発言である。スキルや価値観や信頼の大切さを強調するセミナーを長年提供してきて、感情的になるな、攻撃的になるな、自信過剰になるな、と教えてきたはずの人物の言葉とも思えない。この人は、自分が教えていることとは正反対の資質がリーダーには必要だ、と認めたようなものである。

似たような事例を私はたくさん知っている。本や講演を鵜呑みにしてキャリア形成に支障を来す人はすくなくないのである。たとえばある教え子は、部下と個人的にもよい人間関係を築くことが成功の秘訣だとアドバイスされて真に受け、部下と親身に付き合うよう努めた。その結果、部下に個人情報を悪用されて評判に傷がついてしまった。

こうしたことは、日常的に起きている。そうやってキャリアを台無しにする部下の例をいやになるほど目の当たりにしてきたあるメディア企業の役員などは、二〇一四年に私の講座に招いたときに、学生たちにこんな乱暴な助言をしたほどだ。「今日家に帰ったら、持っているリーダーシップ本は全部捨ててしまえ。もっといいのは、ライバルにそいつを進呈することだ」。

また、自身がサクセスストーリーの主役に祭り上げられ、憧れの存在として崇拝されるようなリーダーは、周囲からの尊敬と敬愛を過大評価し、過信しがちである。そして、自分に限って攻撃されるはずがないと信じ込み、不注意になりがちだ。そして思わぬことで足をすくわれる結果となる。

その端的な例がジョージ・ジマーだ。彼は一九七三年にたった七〇〇〇ドルでメンズ・ウェアハウスを設立した。スーツなどの廉価販売を手がけ、最近ではタキシードのレンタルやユニフォームにも進出している。二〇一三年の時点で、同社は年商二五億ドル、時価総額二〇億ドルに成長していた。ジマーは友人知人で取締役会を固め、シニア・エグゼクティブも自ら引き抜き、会社を大切に育てた。それに何より、スタイリッシュなジマー本人が歩く広告塔であり、テレビのコマーシャルやポスターに自社製品を着用して登場している。「見えるとおりのあなたになれる。私が保証します」という決め台詞とともに。

二〇一一年にジマーと取締役会は生え抜きのダグラス・エバートをCEOに指名し、ジマー自らは会長になった。そして二〇一三年六月、ジマーは突然更迭される。自分が創設し、自分自身がブランドの顔であるような会社から、それも自分が選び長年付き合ってきた取締役たちに解任されるという事態が、いったいなぜ起きたのだろうか。

理由はいくつもあるが、その大半が神話でよく語られるようなリーダーの資質に対する無邪気な信頼に由来する。たとえば二〇一二年から翌年にかけてメンズ・ウェアハウスの株価が下落したとき、取締役会は敵対的な買収を仕掛けられるのではないかと懸念した。ジマー自身の口から聞いたのだが、そのとき彼は取締役会にこう言ったそうだ。我が社のブランドは自分個人と切っても切れないものだ。顧客との結びつきも強い。人を大切にする文化も根付いているし、その文化を私自身が体現している。それにこの私が会社を愛し社員を愛しているからこそ、会社は成功している。このような会社に対して誰かが敵対的な買収を仕掛けてくるとは思えない、と。そう堅く信じれば信じるほど、会社が自分をお払い箱にするとは想像もつかなかったにちがいない。

ジマーがCEOを務めていた当時、メンズ・ウェアハウスでは役員報酬と一般社員との報酬格差が小さかった。それが同社の文化を支える一要素だったのである。エバートがCEOに就任してただちにやったことの一つは、CEOの報酬を大幅に引き上げることだった。このほか、小型チェーンストアK&Gの売却をめぐってもエバートとジマーは対立していた。

ジマーは会社の経営を新CEOに譲ってからも、自分が同意できない決定はなかなか認めようとしなかった。また、自分自身が選んだ取締役や役員だということもあって、自分の意見に同調しない人に対して率直すぎる（はっきり言えば無作法な）態度を示すこともあった。創業者であり、崇拝される孤高のリーダーなのだから、ルールも規範もガバナンスも自分は「治外法権」だと思っていた節もある。こうしたわけで、突如更迭されたときにはジマーはびっくり仰天した。更迭されたことももちろんだが、反対派が極秘裏に動き、水面下で段取りをつけ、既成事実として解任を通告してきたことに驚いたのである。

神話の題材にされ、大勢の憧れの的になるようなリーダーには、別の悲劇も待ち受けている。当人がどれほど優秀で、経営手腕もあり、リーダーシップを備えているとしても、いつまでも神話の中では生きられない、いつまでも英雄ではいられない、ということだ。過大に期待され、誇大に宣伝されたリーダーは、無用のプレッシャーに苦しむことになる。しかもこの過大な期待に応えられなければ、たとえ大失敗というほどでなくても、誰もがひどく失望し、裏切られたように感じる。

キャロル・バーツはオートデスクのCEOとして同社を大成功に導いた手腕を買われ、ヤフーの共同設立者でCEOだったジェリー・ヤンの後任として、二〇〇九年にヤフーの

CEOに就任する。当時のヤフーは経営不振に陥っており、アイデンティティを見失っていた。だからバーツには大きな期待がかけられていた。「バーツの登用は、当初はウォール街に大いに歓迎された。彼女は強気で、辣腕であり、ヤフーの救世主とまで見なされていた」[*15]。だが二年後、後継者さえ定まらないまま、突如として解任される――それも、取締役会会長からの電話一本で。救世主として白羽の矢を立てられ、就任一日目から過大なプレッシャーをかけられていた彼女の運命は、奇跡的な業績の好転でも実現しない限り、すでに決まっていたと言うべきだろう。だがそのような奇跡は、彼女の後任者にしても、誰一人として実現できていないのである。

神話の弊害その3：
現実が見えなくなる

リーダーシップ神話がこしらえ上げる実際以上に卓越したリーダー像は、次の三つの有害な影響ももたらす。第一に、ふつうの人たちはこうしたリーダーには到底およばないと考え、それを口実に自分から何かをやろうとしなくなってしまう。第二に、崇め奉られているリーダーに欠点を探すとか、彼らの失敗を受け入れるということができなくなる。このため失敗から学ぶこともできない。第三に、欠点もなく失敗もしない卓越した人物は、仮にいるとしても、「希少種」である。そのような人物から導き出された助言は、ふつうの人間が実行するには適していない。これでは成果が上がるとは期待できない。以下では一つひとつ見ていくことにしよう。

第一の点について言えば、すぐれたリーダーも同じ人間なのだと知って、彼らの足りないところを認めることには重要な意味がある。たとえ弱点があっても偉大なことを成し遂げられるのだと理解し、「ふつうの」自分たちでもきっとできると思えるようになるからだ。作家のマイケル・ダイソンは、マーティン・ルーサー・キング・ジュニアの例を挙げて、リーダーを神秘化すべきではないと説く。ダイソンはキングが聖人に祭り上げられるにいたった経緯をさまざまな角度から検証したうえで、女性関係の醜聞に言及し、「初めて彼の女性関係を知ったとき、等身大のキングを感じることができた……完全無欠のキングを追い求めると、彼の人間味を無視することになってしまう……ありのままのキングの姿を知れば、不完全な人間にも偉大なことができると信じられるし、自分に与えられた場で自分なりに何かができると思えてくる」と述べている。[*16]

近代南アフリカの父とも呼ばれるネルソン・マンデラも、ほとんど聖人扱いされているリーダーの一人だ。マンデラが傑出した人物であり、人種差別の撤廃に偉大な貢献をしたことはまちがいない。だが彼を聖者のように崇めていたら、重要な点を見落とすことになる。

マンデラは現実的な政治家であり、緻密な計算とタフな駆け引きに長けていた。ピエール・ド・ヴォスが指摘するとおり、「彼が時代を変えた人物であることはまちがいないが、それでもやはり政治家だった」のである。

ネルソン・マンデラは聖人ではない。彼をあるがままの姿で見たとしても、彼の名誉を傷つけることにはならない。あらゆる偉人がそうであるように、マンデラも生身の人間であり、変わったところもあれば、弱点もある。[*17]

第二の点に移ろう。偉大なリーダーによいところばかりを見たくなる気持ちはよくわかる。だが欠点を認めようとしないとか、よからぬ行動は見なかったことにするというのでは、不完全な情報に基づいてリーダー像をこしらえ上げることになる。これでは、失敗から学ぶ機会が失われてしまう。しかし「失敗は成功の母」といわれるように、失敗から得られるものは多い。「失敗から学べ」という忠告は、さかんにいわれるがほとんど実行されないものの一つと言ってよい。[*18]

医療分野にくわしいハーバード・ビジネススクールのエミー・エドモンドソンは、「医療過誤のニュースを多く耳にするわりには、失敗から体系的に学習するシステムを整えている医療機関はあまりに少ない」と指摘する。このことが治療実績改善の重大な阻害要因になっているという。[19] またある経営学の論文では「自然界においても実業界においても、失敗は最終的な成功につながると言ってよい。生態系では、老化した生命体が死ぬことによって、活発な成長がもたらされる。ビジネスの世界では、非効率な活動を排除することが富の創造につながる」と指摘されている。[20]

第三に、理想化されたリーダーから学ぶのは、稀有で例外的なケースから学ぶことになる点で、問題が多い。リーダーシップ神話やサクセスストーリーが真実かどうかはさて措くとしても、レアケースからの学習の有効性には疑問符がつく。ワーウィック・ビジネススクールのジャーカー・デンレルが行った調査によると、卓越したリーダーのスキルとパフォーマンスの相関性は、多くの場合にきわめて弱いという。これは、卓越したリーダーの業績は、幸運や偶発的な要素に左右される部分が大きいからだ。[21] 安定して堅実なパフォーマンスを示すが抜きん出て目立つわけではないという人たちからこそ、学べることが多いとデンレルは主張する。なぜならこうした人たちのパフォーマンスは、偶然の産物ではなく、ほんとうの能力や行動の結果である可能性が高いからだ。だから、こうした人たちの行動を分析するほうが、よほど役に立つという。

「感動」はなんの役にも立たない

リーダーシップ神話がいかに不正確で非論理的であっても、それで人々が感動して自分を変え、行いを正すことができるならまだよい。それなら、人々が感動や勇気や希望を求めるのも理解できる。だが実際には、とてもそうは言えない。そして感動的な物語が目に見える効果を上げられないからこそ、リーダーシップ教育産業はより強力な神話を次々に繰り出して繁盛しているのである。

人々の行動を変えるにはさまざまな方法があるが、感動は有効な手段ではない。理由はいくつもある。まず、感動はたしかに人々に強い衝動を与え、心を揺さぶり、何かへと駆り立てるが、長続きしない。高揚感はあっというまにしぼんでしまう。

さらに重要なのは、感動も、それに伴う衝動的な意欲も、職場の現実とは無関係であることだ。感動的なセミナーが終わり、職場に戻ると、そこには同じ同僚、同じ部下、同じ上司がいて、取引先も同じである。感動体験をして戻って来たあなたは、これまでとはちがう行動、ちがう対応をしようと努力するかもしれない。だが賭けてもいいが、そうはなるまい。長く続けてきた行動は、なまなかのことでは変わらないのである。

認知心理学や行動経済学の分野では、プライミング効果というものが知られている。プライミング効果とは、あらかじめ果物の話をしてから連想ゲームをすると「赤」から「いちご」や「りんご」を連想しやすいというふうに、先行する刺激（プライム）が後続する刺激に対する反応に影響を与えることを指す。

たとえば、たまたま投票所が近所の学校になっている人たちは、学校債の発行に賛成しやすい。[*22] ファストフードの看板を始終見ている人は、レストランなどでも待つことをいやがる。[*23] 偽ブランド品のサングラスを着用している人は、仕事で嘘をつく頻度が高い。[*24] 暗い部屋で仕事をしている人も、嘘をつく頻度が高い。[*25] 食べる量は、料理が載せてある皿の大きさに左右される、[*26] といった具合である。どの場合にも、情報あるいは刺激が行動に根深い影響をおよぼしていることがわかる。だが残念ながら、一過性の感動はプライムにはならない。

プライミング効果を踏まえると、刺激となる情報を目に見える形で与えることが、自己変革や自己成長に効果的だと考えられる。ある研究によれば、倫理規定に署名させることはよからぬ行為を減らす効果があるという。署名すれば、規定の遵守をはっきりと約束したことになり、その証拠が残されるからだと考えられる。[*27] ウォーキングをして体重を減らしたい人は、歩数計を買って毎日歩いた距離を計測することだ。食習慣を変えたい人は、毎日食べたものを日記につけることだ。行動を変えるためのこうした方法の大半は、「動かぬ証拠を突きつける」という単純かつ強力な原理に基づいている。だから他人の行動を変えたいなら、計測可能な目標を設定し、目標達成を約束させ、毎日の行動を計測してひんぱんにフィードバックし、必要に応じてインセンティブを設けることが効果的である。

また、社会的環境、端的に言えば毎日接する周囲の人間を変えてしまうことも効果的だ。人間は、直接顔を突き合わせている人たちから、情報を受けとったり、手本にしたり、といった形で多大な影響を受ける。たとえば、一万二〇〇〇人の社会集団を三二年にわたって観察したある研究では、個人の体重の増加は、交際範囲の人々の肥満度に大きく左右されることが判明した。[*28] アルコール依存症更生会は、禁酒をしようとする人々に、社会的支援（感動ではない）を提供している。肥満の場合と同じく、交際範囲内に酒好きがいなければ、禁酒や節酒の成功率は高まるという。だから更生会に入って飲まない人に囲まれているだけで、この効果が得られるわけだ。[*29]

経営コンサルタントのキース・フェラッジは、こんなエピソードを話してくれた。あるとき職場の改革を成功させる方法について講演したところ、聴衆の一人に、「あなたが推奨するやり方は依存症患者の更生プログラムによく似ている」と指摘されたという。[*30] たしかにそのとおり。個人レベルであれ、組織レベルであれ、何かを変えようとすることは、更生プログラムとの共通点が多い。どちらも仲間の支援や圧力が重要な役割を果たす。また、進捗状況を見守り励ます指導役としてスポンサーやメンターをつけると効果的であり、小さな進歩を認めて評価することが大きな前進につながる。そして何よりも、「君は一人じゃない」というメッセージを送り続けることが大切だ。[*31] 感動は人を高揚させ、衝動的に突き動かすとしても、こうした綿密な準備や協力とは無縁であり、継続的な努力につながる可能性は低いと言わざるを得ない。

改革とまではいかなくても、何か質的な改善をめざす場合も同じことである。他社が大幅な改善を遂げた例をいくら聞かされたところで、改善にはつながらない。それよりも、具体的に改善すべき項目を絞り、定期的に測定し、結果を全員で共有するほうがはるかに効果的である（グラフ化すると、なおよい）。また、各項目の改善に関して各自に説明責任を負わせることも忘れてはいけない。

アミル・ダン・ルービンが二〇一一年にスタンフォード大学病院の院長に着任したとき、この病院の評判は芳しくなかった。実際にも、患者の満足度から院内感染の症例数にいたるまで、さまざまな指標が長年にわたって平均を下回っていたのである。それから二年足らずで、ルービンらは病院を劇的に改善することに成功した。患者満足度は四〇％から九〇％に上昇し、救急外来の待ち時間も大幅に短縮された。そして、それまでサンフランシスコ湾岸区域で最低ランクだったのが、なんと治療のクオリティで全国表彰されるにいたる。

この目を見張る変身ぶりは、感動とはほとんど関係がない。たしかに病院にはミッション・ステートメントは掲げられている。「気配り、学び、発見」がそれだ。また、「科学と思いやりによる治療を心がける。一度に一人の患者さんに集中する」というモットーもある。だがこれほどの数値的改善の大半は、ルービンがパフォーマンス・マネジメント・システムに基づく明確な目標を設定し、リーダーシップ・チームを編成して進捗状況の管理を徹底したからにほかならない。あらゆる面で「基準はあるか」が問われ、基準が設定されれば「基準に達したか」が問われた。基準に対する計測結果はユニットごとにチャート化された。こうした努力が大幅な改善につながったのである。

基準と計測の大切さは昔からいわれ続けてきたことである。目標設定に関する研究や調査は、数十年前から広く行われてきた。どの研究でも、具体的で計測可能な目標を立て、定期的に計測するほうが、漠然と激励して興奮や高揚感を煽るよりはるかに効果的だとしている。[*32]

著名なエグゼクティブ・コーチであるマーシャル・ゴールドスミスは、いくつかの行動を特定し、それについて毎日振り返って吟味することを義務づけている。この方法は、自己変革を促し、リーダーとしての行動を改善するのに効果的で、彼のコーチングの基本となっている。またeラーニングのスキルソフトが提供するリーダーシップ・プログラムでも、この方法が採用されている。ポイントは、毎日必ず四～五項目について自己評価をしなければならないことだ。これが、目標に近づく努力を促す点で絶大な効果を上げるという。たしかに、自分の行動を体系的かつ定期的に振り返るのはなかなか辛いことで、したがって効果があるにちがいない。まして点数をつけるとなれば、より厳しく自分を見つめることになる。一時的な感動より効き目があるのはまちがいない。

熱心にリーダー研修を受けた人ほどキケン

リーダーシップ神話は「きっとあなたもリーダーになれる」というメッセージを発して聞き手を感動させ、鼓舞し、根拠のない確信を植えつけようとする。そこには意外な落とし穴があることに注意しなければならない。

社会心理学者のベノワ・モナンとデール・ミラーがモラル・ライセンシングという興味深い現象を発表した。これは、一度とてもよいことをすると、それどころか、よいことをしようと思っただけでも、「自分はよいことをしたのだから、次はちょっとぐらい悪いことをしてもいいだろう」とか、「あれだけよいことをしたのだから、自分にご褒美をあげてもいいだろう」という気持ちになることを指す。いわば倫理的正当化やメンタル・アカウントの帳尻合わせをするわけだ。いったん倫理的に立派な人物であることを示せば、その後は改めてそれを立証する必要はあるまいというわけで、倫理規範の縛りを逃れて本音を出してしまうのである。こうした心理的傾向は、多くの実証研究で裏付けられている。

たとえば、最初の機会に自分が差別をしない公平な人間であることを示した人は、次の機会には差別的な意見を表明しがちだという。[*33] また、二つの選択肢が一長一短であることを認めた人は、その後は極端にえこひいきをしがちになるという。最初に公平なところを見せたので、もはや公平にふるまう必要を感じなくなるというわけだ。[*34] またある実験では、被験者を二つのグループに分け、一方には自分の長所を書き出し、他方には短所を書き出してもらった。その後にある慈善団体への寄付を募ったところ、前者の寄付額は後者の五分の一だったという。[*35] モラル・ライセンシングに関する多くの研究を総括したある論文では、「過去の善行は、倫理に悖《もと》る行為や不道徳な行為などをしてもよいという気持ちにさせる。もし善行をしていなければ、世間に非難され人格を疑われることを恐れて、そのような行為は慎んだはずだ」と指摘されている。[*36]

このような心理がリーダーシップ教育産業にとって意味するものは明白である。たくさんの講演を聴き、研修を受けるうちには、自分のリーダーシップを褒められるなどして、成果が上がったと感じるだろう。そして自分は多くを学んだ、よきリーダーに近づいたと信じ込むと、その後のリーダーとしての自分のふるまいに十分な注意を払わなくなってしまうのである。このことは、言行不一致が起きる原因を説明するだけでなく、自分はすぐれたリーダーだと感じること自体が言行不一致を招くことを示している。となれば、カリスマ経営者と評判が高くリーダーシップについての講演や著書の多い人物ほど、言葉と行動が一致しないのも驚くには当たるまい。彼らは、もはや評判を気にして慎重にふるまう必要を感じていないのである。

崇拝され、聖人に祭り上げられたリーダーには、別の問題もある。自分のリーダーシップ能力に自信過剰になり、自分が口にしたことを、自分はすでに実行したと思い込むことだ。これとよく似た現象に、ロバート・サットンとの共同研究で取り上げたミッション・ステートメント問題がある。[*37] 多くの企業を調査したところ、ミッション・ステートメントを決定し、オフィスの壁に貼り出したり、カードに印刷して配ったりすると、もうそれが実行されているように思い込んでしまうことが判明した。だがもちろん、そんなはずはない。何かを言うことと、それをすることとは別物である。リーダーシップ教育産業で著名な講師やコンサルタントたちも同じ錯覚に陥っている。リーダーシップを研究し、講演し、指導しているうちに、自分が話していることをやったつもりになっている。

したがって、言葉が行動の代用になりがちだという事実をわきまえ、「リーダーシップの専門家」たちの話を鵜呑みにしてはいけない。彼らが実際に経営している企業の実態に注目することだ。離職率が三〇%にも達するような企業の経営者が人事関連の助言をしたら、疑ってかかる必要がある。実際、リーダーシップ研修を提供している一部のコンサルティング会社は離職率がきわめて高い。

リーダーシップ教育産業で華々しく活動している人たちの言行不一致は、一部はモラル・ライセンシング効果によるものだが、他の原因もある。リーダーシップについて熱心に語る人たちには、意識的にせよ無意識にせよ、現実のふるまいから注意を逸らしたい気持ちがある。意地悪く言えば、行動が感心できない人ほど熱く語る。ちょうど公害企業が環境維持に取り組む姿勢をさかんに宣伝するように。『ハムレット』でも、けっして再婚はしないと誓う妃について、有名な台詞が語られる――あの誓いはくどすぎるように思います。

英雄《リーダー》崇拝を乗り越える

では、言行不一致のリーダーにかかわり合って自分のキャリアを台無しにしないようにするためにはどうしたらいいだろうか。ここでは注意すべき点を二つ挙げる。どちらもとりたててむずかしいことではないが、なぜか実行されていない。

事前調査を怠らない

自己資金を何かに投じようというときには、賢い人はきちんと調査する。いや、あまり賢くない人だって、それなりに調査はするだろう。調査をしたからといって、絶対に損をすることはないとか、詐欺に引っかかることがないとは言えないにしても、勘だけで大金を投じる人はまずいないはずだ。

ところがことリーダーシップになると、この原則が消えてしまうらしい。人々はサクセスストーリーに熱心に耳を傾ける。それも皮肉なことに、最も英雄的で、したがって最もありそうもない話を聞きたがる。そして、真偽のほどをチェックもせずに信じてしまうのである。どうやら英雄崇拝というものは人間の本性に根付いていて、批判能力を麻痺させてしまうらしい。カリスマ的なリーダーに惚れ込んで就職あるいは転職を決め、ほんの数カ月で幻滅するという話はめずらしくない。

たとえば、ある経験豊富で優秀なエグゼクティブ（仮にキャロルとしよう）は、サンフランシスコのとある人事コンサルティング会社の創業者兼ＣＥＯから直々にヘッドハントされた。このＣＥＯはすばらしく頭が切れる魅力的な男で、話もうまく、クリエイティブで、組織改革やスキル開発について革新的なアイデアをたくさん持っている。あなたにぜひ事業拡大を手伝ってほしい……。キャロルはすっかりその気になって、転職した。ところがいざ働き始めてみると、このCEOはたしかにコンサルタントとしては辣腕で、クライアントに対するアドバイスは的確だが、彼自身の行動は全然ちがうことがわかる。約束を守らないし、本音と建前がちがいすぎる。キャロルはすっかり愛想を尽かし、さっさと退職したのだが、雇用契約違反だとして訴えられる羽目に陥った。

このような事態は、もうすこし注意深ければかんたんに防げたはずである。きちんと事前調査をし、その結果を真剣に受けとめていたら、うかうかと引き抜きに応じることはなかっただろう。まず、このコンサルティング会社には創業当時四人のパートナーがいたのだが、一人しか残っていない。辞めたパートナーを探して話を聞くのは、さほどむずかしいことではなかっただろう。また、数年間で多くのコンサルタントやスタッフが辞めていることも、すこし調べればすぐわかったはずである。これらの材料をつなぎ合わせれば、CEOの魅力的な話で語られなかった内情がわかり、悪い選択を防げたにちがいない。

もし読者に崇拝するリーダーがいたら、そのリーダーについて数々の輝かしい業績や卓越した資質をよく知っていることだろう（その多くは当人が語ったことや本に書いたことだと推測される）。水を差すようで恐縮だが、三〇分でいいから調査をしてみてほしい。たとえば転職者向けの企業口コミサイトGlassdoorをチェックするだけでも、リーダーの評判がわかる。

ソーシャルメディアもよい情報源になる。民事訴訟の訴訟記録を閲覧するという手もある。とにかく信じ込んでしまう前に、さらに重要なのは何か行動を起こす前に、調査をすることが大切だ。できるだけ複数の情報源に当たってほしい。また、収集した情報はクロスチェックしよう。新しく人を雇うときに必ずやることを、リーダーについても怠ってはいけない。考えてみれば、自分の上司になるかもしれない人は、新入社員よりよほど重要である。

行動を起こす前に冷静になれば、リーダーの長所も弱点も知ることができる。そのリーダーの部下になったら、どんな具合になるかをある程度予想することもできる。欠点のない人間はいない――マーティン・ルーサー・キング・ジュニアにも、ネルソン・マンデラにも、ガンジーにも欠点はあった。たしかに慎重に調査して欠点があきらかになったりすれば、高揚感は少々しぼむだろう。リーダーが前ほどは輝いて見えなくなるだろう。だがその代わり、あなたにはよりよい準備が整ったことになる。現実の姿に直面しても、ショックを受けたりひどく落胆したりせずに済むはずだ。

「感動」を追いかけるのはやめよ

人生にはトレードオフがつきものである。リーダーシップ教育産業もそうだ。彼らは神話やサクセスストーリーや英雄譚を提供することにかけてはすぐれている。だが職場をよりよいところにしたり、リーダーの寿命を延ばしたり、といったことには、すくなくともこれまでのところさしたる成果を上げていない。ある意味でこれは、彼らだけの責任ではない。受講者が勇気や希望や感動体験を求め、そのために大金を払う用意があるからこそ、彼らはお客さまの要求に応えて満足してもらおうとする。教育よりも感動を、有用なデータよりも高揚感を求めるお客にそれを与えるのは、当然の成り行きとも言える。

つまりリーダーシップ教育産業の欠陥は、クライアントに、具体的にはカリスマ・リーダーを講師に招きたがる企業のCEOや人事担当エグゼクティブに、そしてそうした講演や研修を受けて高評価をする受講者たちに由来するのである。消費者が見てくれだけでなく、高品質で安全で信頼性の高い自動車を求めて初めて、自動車メーカーはその声に応える。消費者が有機食品を買いたがるからこそ、大手スーパーやコンビニエンスストアでも扱うようになる。リーダーシップ教育の受け手が、感動を求めるのをやめ、信頼できるデータや知見を求めるようになって初めて、教育の質は上がり、職場をよりよくできるリーダーが育つようになるだろう。

本章では、リーダーシップに関する本やブログが数十年にわたって精力的に書かれ、また講演や研修がさかんに行われ人気を集めているにもかかわらず、職場の実態もリーダーの質も上がっていないことを指摘し、科学的なデータや調査よりも感動体験を求めることにその一因があることを示した。

続く五つの章では、リーダーシップにとって欠かせないと広く主張されている五つの資質を一つずつ取り上げる。謙虚さ、自分らしさ、誠実、信頼、思いやりである。これらの資質が組織や集団のパフォーマンスにいかに寄与しているかについて、多数の研究がなされてきたことは、事実である。私としては、これらがきわめて望ましい資質だと認めるにやぶさかではない。こうした資質を備えたリーダーが率いていればすばらしい職場環境になるだろうということも、よろこんで認めよう。

だがそれはそれとして、ここで私は二つの単純だが重要で実際的な質問をしたい。第一に、これらの資質を多くのリーダーが備えているという証拠はあるのか？　第二に、リーダーシップ教育産業が推奨することと反対の行動をとるほうがむしろ賢明であるように見えるが、それはなぜなのか？　とくにリーダー個人のキャリアにとってはそのほうが賢明だと断言できるし、場合によっては他の点についてもそう言える。

ここで、「なんだって、とんでもない！」と思われた読者もおられよう。だがとりあえず判断を保留し、これから述べる私の指摘と主張をできるだけ客観的に吟味してほしい。よりよいリーダーを育て、職場をより働きがいのあるところにするために、現実をしっかり見つめなければならない。そして、なぜこうなったのかを考える必要がある。

第2章

謙虚

そもそも控えめなリーダーはいるのか?

ビル・ブラッドリーは、プロバスケットボール（NBA）のスター選手で、上院議員も務めたことのある人物である。そのブラッドリーは「リーダーは和を重んじ、控えめで、寛容でなければならない」と語っている。これは、多くの人々の気持ちを代弁したものと言えるだろう。[*1] だが残念ながらこれらの資質を備えたリーダーは、とくに大きな組織には、ほとんど見かけない。なかでも控えめなリーダーというものは見たことがない。

ドナルド・トランプを考えてみよう。フォーブス誌によればトランプは世界で四一七番目に金持ちであり、純資産は四〇億ドル近い。彼は二〇一二年に（そして二〇一六年にも）、共和党の大統領候補指名を勝ちとろうと名乗りを上げた。ありとあらゆるメディアにひんぱんに露出し、自身のテレビ番組も持っているし、所有するビルすべてに自分の名前をつけていることは有名だ。

最近ではシカゴ市長のラーム・エマニュエルと一悶着起こした。トランプ・インターナショナル・ホテル&タワーの九階外壁に、一辺六〇メートルを超える巨大な五文字のサインを出したことが原因である。もちろんこの五文字とは、T・R・U・M・Pだ。ちなみにこのタワーはシカゴで二番目に高い建物である。「この建築的にすぐれた建物は、建築的に悪趣味なサインのせいで損なわれた」と市長は公言した。[*2] こんな具合に、トランプはメディアやコメディアンに格好のネタを提供している。

彼のリーダーシップ・スタイルに苦言を呈したのが、イェール大学の経営学教授ジェフリー・ソネンフェルドだ。彼は、テレビ番組「アプレンティス」のトランプ版（現在は放送されていない）をやり玉に挙げ、「あんなものは偉大なリーダーシップのモデルとは言えない」と辛辣に述べたうえ、ウォール・ストリート・ジャーナル紙のコラムに「自己宣伝と強引とごまかしの塊」だと書いた。[*3]

トランプの経営するカジノが破産したこともあり、多くの専門家が彼の経営手腕を疑問視していることは事実だ。[*4]だがともかくも、彼が強固なブランドを確立したことはまちがいない。しかもそれには巨万の価値がある。誰もが彼の名前を知っているし、その事業や行動は多くのメディアで報道される。こうしたことは、不動産業界ではきわめて重要だ。トランプの仕事は究極的にはホテルやカジノに客を呼ぶことであり、競争の激しい市場で住宅を売ることにほかならない。おそらくトランプは、一般に評価されはしないが、しかし有効なリーダーシップの秘訣を知っているのだろう。

トランプをはじめとする現役ＣＥＯや、自分の業績や能力について誇らしげに自伝を書く元ＣＥＯの現実の姿とは裏腹に、多くのリーダーや専門家は、控えめであれ、謙虚であれ、と説く。たとえばジム・コリンズは、ベストセラーになった『ビジョナリーカンパニー２　飛躍の法則』（邦訳は日経ＢＰ社刊）で「第五水準のリーダー」について書いている。[*5]これは飛び抜けてすぐれたリーダーで、長期にわたり高業績を維持し、平均的だった企業を高収益体質に変貌させることのできる稀有な手腕の持ち主を意味する。まずまず優秀な企業が偉大な企業へと飛躍するとき、そこには必ず第五水準のリーダーがいるとコリンズは主張する。

そしてこの卓越したリーダーと他のリーダーを分ける最大の特徴は、謙虚さだという。謙虚な人間は信頼され、部下は一丸となって目標達成に取り組むというのである。コリンズによれば、第五水準のリーダーは、自分のことを語るより会社のことや同僚と部下の貢献のことを語りたがる。社外での知名度はさほど高くなく、業界紙などにもめったに登場しない。スポットライトを浴びたがる目立ちたがり屋ではない。謙虚な人間は自分の能力の限界をわきまえているし、自分の弱点も承知している。どれほど優秀な人間も完全ではないのだから、大勢の知恵を募るほうが一人の頭脳を上回ると考えている。こうした考えに基づいて多くの社員を意思決定に参加させ、謙虚に意見を聞き、フィードバックを求める。

望ましいリーダーの資質として謙虚さを挙げるのは、コリンズだけではない。高い地位にありながら謙虚にふるまい、他人の能力に敬意を払うことがよいリーダーの条件だという主張は、多くの本や論文に見受けられる。[*6] また哲学的な立場からリーダー像を論じたある論文でも、謙虚は四大徳の一つとされている。[*7] 謙虚であること、すくなくとも謙虚に見えることは、権力を持つ者にとってとりわけ好ましいというわけで、持っている権力のちがいをできるだけ相手に感じさせない方法だとか、自分を卑下するユーモアで謙虚さを誇示する方法などを研究した論文まで発表されている。[*8]

謙虚なリーダーはなぜよいのか

リーダーは謙虚であることが好ましいとする主張は、なかなかに筋が通っている。それは、こうだ。あなたが高い地位にいて、組織における太陽のような存在だとすれば、周囲にいる惑星の輝きはすっかり見えなくなってしまう。ところで部下が会社を辞めたくなるのは、自分が認められていないと感じるとき、こんなにがんばったのに評価されないと感じるときである。また部下が非常に不快に感じるのは、自分のやった仕事が上司の手柄になってしまうことだ。謙虚なリーダーは、部下の力を大いに認める。まして部下の仕事を自分の手柄にしてしまうようなことはない。よって謙虚なリーダーのもとでは離職率が下がる。

また、人間は誰しも「他人」の仕事に駆り出されるとか、「上司」に命じられてやるより、「自分」の仕事のほうがやる気が出るものだ。このことは、二つの心理学的要因で説明できる。第一は、潜在的自尊心（implicit egotism）と呼ばれるものである。これは、自分自身を思い出させてくれるもの、自分と同一視できるものを好む心理を指す。人間はだいたいにおいて自分第一であり、我が身がかわいい生き物であるから、自分に直結するもの、自分に帰属すると思えるものを好む。[*9] そこで、自分の仕事だと認識するプロジェクトや自分がボスだと自覚する仕事には熱心に取り組むというわけだ。

第二は、授かり効果（endowment effect）と呼ばれるものである。これは、自分が所有するものに高い価値を感じ、それを手放したくないと思う心理を指す。[*10] たとえば、ビクトリア大学で行われたある古典的な実験では、被験者にマグカップか大きなスイスチョコレートのどちらか好きなほうを選んでもらった。すると、五六%がマグカップ、四四%がチョコレートを選んだ。だが、最初に全員にマグカップを渡し（すなわち所有したことになる）、次に希望者はチョコレートと交換してもよいと伝えたところ、交換したのはたった一一%だった。最初にチョコレートを渡した場合も、マグカップと交換したのは一〇%にとどまった。[*11]

これらの研究では、人間はいったん自分のものになったらそれに執着し、手放すまいとする傾向があることが指摘されている。したがって、謙虚なリーダーが部下を信頼し、彼らに仕事を任せれば、部下は俄然やる気を出して取り組むと期待できる。

逆にリーダーが部下の能力を認めず、仕事を任せず、さらには部下の業績を横取りするようなら、部下はすっかりやる気をなくすだろう。というわけで、謙虚とは正反対の自己顕示欲の強いリーダーは、多くの研究できわめて評価が低い。こうしたリーダーがいる職場ではパフォーマンスが低下するという。[12]

謙虚であれという教えは、自分をむやみに売り込んだり過大評価したりする人間は嫌われるという事実からも納得できる。調査でも、しつこく自己宣伝をする人は、他人からの評価が芳しくないことがわかっている。[13]その一方で、自分の能力や実績を控えめに語る人は、好感度が高い。[14]別の調査では、自慢の多い人間ほど能力が低いという笑えない結果が出ている。いちばん有能なのは、ほどほどに謙虚な人間だという。[15]人に好かれることは人間関係を円滑にする基本中の基本であるから、他の条件が同じであれば、好感度の高い控えめな人間はよい人間関係を形成し、影響力を発揮できると考えられる。

謙虚なリーダーに軍配を上げる理由はほかにもある。ジム・コリンズの論拠はこうだ。時間は貴重なリソースである。とりわけリーダーにとってはそうだ。ところが自己顕示欲が強く、のべつメディアに露出して熱心に自己宣伝をするような輩は、その貴重な時間を無駄遣いしている。企業の戦略立案に投じるべき時間が失われてしまうというわけだ。これは、よくいわれる「フォーチュン誌の表紙の呪い」に通じる。都市伝説によれば、ＣＥＯが主要なビジネス誌の表紙を飾ると、その会社の業績は落ち目になるという。というのも、表紙に登場するようなＣＥＯは、顧客や社員や取引先よりもメディアに注ぎ込む時間が多いからだ。コリンズは、クライスラーの元ＣＥＯリー・アイアコッカを例に挙げている。

リー・アイアコッカは、クライスラーを崖っぷちから救った……彼の在任期間が半ばに達した時点で、同社の株価は市場平均の二・九倍の伸びを示した。だがそこからアイアコッカの関心は自分自身に向かってしまう。彼はテレビ番組にひんぱんに出演するようになり……八〇本以上のコマーシャルにも登場し、大統領選への出馬が取り沙汰されるようになった。自伝の宣伝もさかんに行った……こうして在任期間の後半には、アイアコッカ自身の株は大いに上がったものの、クライスラーの株価は市場平均を三一％下回る結果となった。

謙虚でないリーダーは、なぜもっとよいのか

以上の主張や論理にもかかわらず、「謙虚であれ」という教えには重大な問題点がある。

第一に、謙虚な人はすくないし、ことリーダーに関する限りきわめてすくない。『ビジョナリーカンパニー2　飛躍の法則』のデータをまじめに受けとるとすれば、企業が飛躍を遂げる確率は、はっきり言って気が遠くなるほど低い。一九六五年からコリンズが調査をした時点までにフォーチュン五〇〇社にランクインした企業は延べ一四三五社に達するが、その中でまず優秀な企業から偉大な企業へ飛躍したのはわずか一一社にすぎない。確率で言えば一％である。となればコリンズは、約一五〇〇社のリーダーのうち、第五水準に達している謙虚で卓越したリーダーは、たった一一人だと言っていることになる。もっともコリンズの目的はリーダーについて研究することではなく、リーダーの果たす役割を適正に評価すること、つまり過大評価を改めることにあった。だがコリンズの辛口の評価の数倍程度は謙虚なリーダーがいたとしても、全体からすればごくわずかな比率にとどまる。大企業のリーダーに限ったとしても、である。

第二の問題点は、コリンズがリーダーとしての重要な資質を語るとき、それはすでに高い地位に就いているリーダーが対象になっているということだ。では高い地位に就くまでの、いわば発展途上のリーダーにとって重要な資質はどうだろう。さまざまな状況証拠から判断するに、出世の階段を上るときに謙虚さが役に立つとは思えない。

第三に、心理学者でリーダーシップに造詣《ぞうけい》の深いマイケル・マコビーは、著書『なぜイヤなやつほど出世するのか』（邦訳は講談社刊）の中で、慣例を打ち破り、既存製品や産業やビジネスモデルのあり方を変えるような先駆的なイノベーションをもたらす人間には、制約や既成概念に対する軽蔑、逆境や拒絶反応に立ち向かう意志の強さが欠かせないと指摘する。そしてこれらは、自己中心的なナルシストに特徴的な資質だという。[*16] それどころかマコビーに言わせれば、先見的なリーダーとは、ある程度のナルシシズム、すなわちうぬぼれや自己陶酔を持ち合わせているリーダーである。

データが語る、ナルシスト型リーダーの多さ

リーダーの資質としての謙虚さと業績の相関性を調べた研究は乏しいが、謙虚とは正反対の自己中心主義やナルシシズムを取り上げた研究は数多くある。そして後者の研究成果から、謙虚さがリーダーにとって有効であるかどうかを読み取ることができる。また、リーダーのナルシスト度と謙虚度を知ることもできる。

ナルシスト的な性格は、心理学ではものものしく「自己愛性人格障害」と呼ばれるが、実際にはきわめてありふれており、とくにリーダーにはめずらしくない。さきほどのマコビーは、尊敬される著名なリーダーの多くがこのタイプだと述べ、マイクロソフトのビル・ゲイツ、アップルのスティーブ・ジョブズ、ゼネラル・エレクトリックのジャック・ウェルチを例に挙げている。またジョン・ロックフェラー二世、ブラック・エンタテインメント・テレビジョンの創業者ロバート・ジョンソン、セレラ・ジェノミクスのCEOジョン・クレイグ・ヴェンター、シリコングラフィックスの創業者でありネットスケープのCEOも務めたジム・クラークなども同タイプだという。さらに、映画製作のドリームワークスの共同設立

者デヴィッド・ゲフィン、ディズニーのマイケル・アイズナー、エンロンのケネス・レイ、そしてヨシフ・スターリンやジョージ・Ｗ・ブッシュを筆頭とする多くの政治家……という具合に、ナルシスト型のリーダーは枚挙にいとまがない。彼らはみな世間の注目を集めようとしたし、自分には注目される資格が十二分にあると信じ切っていた。[*17]

心理学の文献では、ナルシシズムとは自分の重要性を過大評価し、傲慢《ごうまん》な態度や行動をとり、他人への共感に欠け、無限の成功や権力を手に入れる幻想に囚われ、自分だけは特別だと信じて疑わない性格とされている。根拠なく自分を地位や権力と結びつけ、過剰な称賛を期待することも、このタイプの特徴だ。[*18]

こうした性格は、じつは測定可能である。自己愛人格目録（ＮＰＩ）というれっきとしたテストが開発されているからだ。[*19] 当人にテストを受けさせるまでもなく、間接的に知る方法もある。たとえばある研究によると、ＣＥＯのナルシスト度は、会社の年次報告書に掲載されるＣＥＯの写真の大きさや派手さから読み取れるという。またナンバーツーのエグゼクティブと比較したＣＥＯの報酬の額も指標になる。[*20] 加えて、インタビューなどで一人称を使うこともナルシスト型ＣＥＯの特徴だ。自分の会社やエグゼクティブ・チームを指すべきときに「私たち」ではなく「私」と口走るＣＥＯは、かなりナルシスト度が高い。

読者は、ご存知のリーダーについて、ぜひこれらのヒントからナルシスト型かどうかを考えてみてほしい。そして、この自信過剰で自己陶酔タイプのリーダーが部下のキャリアにどんな影響をおよぼしているかを判断してほしい。私が本書で示すどんなデータよりも、読者にとっては自分の判断が重みを持つにちがいない。日常的な職場環境でこのタイプのリーダーを見分けられるようになったら、どんな場合にどの程度、こうした自己賛美型の性格が効果を発揮するか、またそれはなぜかを考えてほしい。

ナルシシズムについては多くのことがわかっている。たとえば、ここ数十年間で、大学生のナルシスト度は大幅に上がった。[*21] また、アメリカ人のナルシスト度は、他国の人々に比べるとかなり高い。[*22] その一因は、アメリカには個人主義の文化が浸透しているが、その個人主義とナルシシズムは関連性が深いことにある。男性は女性よりもナルシストになりやすい。おそらくこれは、男性は競争好きだが女性は協調を好むことが原因だろう。また、自己陶酔的な行動は女性にふさわしくないと見なされていることも一因かもしれない。

ビジネススクールの学生は、とりわけナルシスト度が高い。この点はなかなか重要な意味を持つ。というのも近年では、営利企業か非営利組織かを問わず、多くのリーダーがビジネススクール出身だからだ。アメリカでビジネススクールと心理学部の学生五六〇人を対象に行われたある調査では、次のことがわかった。第一に、全体のナルシスト度は過去の平均を上回った。これは、ナルシスト度がこのところ高まってきているという別の調査結果と一致する。第二に、ビジネススクールの学生のナルシスト度は、心理学部の学生を大幅に上回った[*23]。

自信過剰なほうが成功しやすい

ナルシシズム、自己宣伝、自己顕示欲、根拠のない自信といったものは謙虚とは正反対であるが、これから見ていくように、出世の階段を上るときには役に立つ。そしていったんトップの座に就いてしまったら、今度はその座を維持するのにも、より多くのリソース（報酬）を獲得するのにも、効力を発揮する。

それだけではない。謙虚と反対の性質は、全部とは言わないが一部の仕事にも有効である。そんなばかな、と思われる読者もおられよう。自分を売り込む奴はだいたいにおいて気に喰わない、そういう人間が組織の中で影響力を発揮できるとは思えない、大方の人は謙虚なリーダーのほうになびく、というのが世間一般の見方だろう。しかも自己顕示欲の強いリーダーは、部下を認めようとせず、誇りを傷つけるうえに、部下の報酬も減らしかねないではないか……。まことにごもっとも。だが、話はそこでは終わらない。

リーダーの役割というものは、多くの場合、おそらくはほとんどの場合に、じつははっきりしていない。リーダーが何をすべきかもはっきりしないし、そもそも誰がリーダーに最適任なのかもよくわかっていない。それどころか、リーダーがよくやっているのかどうかさえ、明確には判断しかねる。

こうした状況では、いわゆる「確証バイアス（confirmation bias）」が効力を発揮する。確証バイアスとは、自分の先入観や価値観や期待と一致する証拠のみを探す傾向のことで、社会心理学では古くから認められていた概念である。[*24] 要するに人間には、見たいものだけを見て聞きたいものだけを聞く傾向があるということだ。第一印象が長続きするのも、この確証バイアスで説明できる。最初に強い印象を受けると、それと一致しない情報は無視し、一致する情報だけを探したり、過大評価したりする。こうしたわけで、リーダーが強いオーラを発し、尊敬と信頼に値する人物だと印象づけてしまえば、周囲の人間は、その印象と一致する情報だけを探すようになる。

このとき、もう一つのプロセスも進行している。あなたがリーダーに選ばれたいなら、最低でも、選ぶ側があなたの存在に気づいていなければならない。記憶に残らないような人間は、絶対に選ばれない。覚えていない人をどうして選べるだろうか。マーケティング戦略で単純接触効果が重要視されるのはこのためだ。[*25] 人間は、見慣れているもの、よく知っているもの、記憶に残るものを選ぶのであり、これが広告効果を高めるイロハのイである。リーダーシップについても同じことが言える。人に知られていること、ブランドを確立すること、要するに目立つことは役に立つのである。

自分を売り込むには、謙虚さをかなぐり捨てて、自分の能力や過去の業績や未来の計画に人々を注目させ、自分はその地位にもその報酬にもふさわしい人間だと思わせなければならない。[*26] このことは、調査でも裏付けられている。採用面接では、自己宣伝は推薦状に劣らぬ効果を上げるという。[*27] 考えてみれば、これは驚くには当たらない。自分を売り込む行為は自信があることの表れである。応募者が自信を醸し出せば面接官も信じたくなる。

カリフォルニア大学バークレー校のキャメロン・アンダーソンらが行った調査では、自信があるどころか自信過剰な人物でさえ、高い社会的地位、尊敬、影響力を勝ち得ていることが判明した。[*28] もっとも、周囲の人たちが自信過剰を「過剰」と思わず、実力の裏付けがあるのだと考えた可能性はある。そこでアンダーソンらは実際の業績データを示し、裏付けのない自信過剰であることをあきらかにした。にもかかわらず、「明白で客観的なデータを見せられたあとでも、リーダーに対する信頼は低下しなかった」という。[*29]

しかも大方の人は自己宣伝を眉唾ものと受けとりつつも、それを信じようとする一面もある。こうしたわけだから、自己卑下や控えめな自己表現は、すでに地位を確立し、立派な評判を獲得している人にとっては魅力になっても、まだそこまで到達していない人にとっては、不安や無能力の表れと受けとられかねない。軍の将校選抜を調査したある研究でも、「自信、カリスマ性、楽観主義……ナルシスト的性格は、リーダーシップにとってはプラスであり、同僚や上司からの高い評価につながる」と結論づけられている。[*30]

すぐれたリーダーシップと関連づけられた個人の資質に関する一八七の研究結果を総括したメタ分析では、リーダーの有効性と結びつけられる資質は七つあることがわかった。うち四つは、エネルギー、支配力、自信、カリスマ性である。そしてこの四つは、ナルシストがとくに顕著に持ち合わせていることが、多くの研究で指摘されている。このことからも、ナルシシズムがリーダーの選択と密接な関係にあることがうかがえる。[*31] 研究者の多くは、一般の人々と同じく自己顕示欲の強いナルシスト・タイプが大嫌いであることを考え合わせると、こうした研究結果はなおのこと興味深い。

ナルシスト型の人間は外向的で自信に満ちており、潜在的なリーダーシップ能力を備えていると見なされるため、リーダーに選ばれやすい。たとえばある論文によれば、リーダーを決めずに四人でグループ討論をしてもらうと、リーダー役を務めるようになるのはナルシスト度の高い人であることが多いという。また、ＭＢＡコースに在籍する社会人学生のうち、エグゼクティブ経験者の討論を専門家に評価してもらったところ、ナルシスト度の高さがリーダーシップ能力の高さと相関することがわかった。性別や社交性の統計処理を行ったあとでも、同じ結果になったという。[*32] 業種や仕事内容を問わず五六チームについて調査した別の研究でも、ナルシスト型の人のほうが、そうでない人よりリーダーに選ばれる確率が高かった。[*33]

こうした結果は、当然と言えば当然と言えよう。なにしろナルシスト型の人は自分を目立たせ、さらには際立たせる行動をとるうえ、自分にはリーダーの資格十分だとうぬぼれ、自分に対する期待値が高い。そういう人間は自分の主張を強く押し出し、自分の利益になるように行動するので、集団をやすやすと支配するようになる。

マルコム・グラッドウェルは、不祥事が露見する前のエンロン内部について、「カリスマの闇の部分」と題する小論を書いている。それを読むと、エンロンはナルシスト集団だったことがわかる。そしてナルシスト型の性格は、リーダーの地位に到達するまではじつに有効なのである。

ナルシストは、そうでない人に比べ、自信を持って判断を下す……彼らの判断が確信に満ちているため、他の人はそれを鵜呑みにしがちだ。そこで、ナルシストはその集団の中で突出した影響力を持つようになる。そしてしまいには、自信と自己顕示欲により、ナルシストはついに「自己指名」にいたる。つまり、自分で自分をリーダーに指名するわけである。こうした次第で、集団内にリーダー不在やリーダーの空席といった状況が発生すれば、すかさずナルシストがその機に乗じようとする。[*34]

ナルシスト度の高い学生は、給与の期待値が高く、かつ、就職先を見つけるのはかんたんだと考えている。ある調査によれば、給与の期待値が高いというだけでほかに確たる理由がなくとも、そういう人間は高い給与を要求しタフに交渉するので、それを手に入れる可能性が高いという。[*35] どうやらナルシシズムと給与や昇進は正の相関性があるらしい。

ある調査によると、ナルシシズムはじつは一時的に人に好かれる可能性が高いという。ナルシストが発散するはなやかさや外向性に周囲の人は眩惑《げんわく》されるからだ。またナルシストは、公開のコンテストや競争的な仕事などでは思う存分強みを発揮する。[*36] そして確証バイアスや自己実現的予言の作用を考慮すれば、謙虚でない人間が手にする短期的な優位性が長続きしないと考えるべき理由はほとんど見当たらない。

また別の調査では、ナルシシズムがリーダーの地位獲得に役立つ理由として、ナルシスト的性格の特徴と、人々がすぐれたリーダーの典型的な属性（権威、自信、支配力、自尊心など）と考えるものに共通点や重なり合う部分が多いことを挙げている。[*37]

以上のように、さまざまな調査の結果ははっきりしている。ナルシスト型人間はリーダーに選ばれやすい。そもそもこのタイプの人は、リーダーの地位を求めている。

過剰な自信は大事――女性やマイノリティのケース

女性や、アジア系アメリカ人などのマイノリティは、典型的な白人男性に比べると、おおむね謙虚で控えめであり、自己中心的でないと言える。その一因は、男女の役割分担や文化的期待にあるのだろう。このことが、キャリア面で不利に働いていると考えられる。ジェンダーと自己宣伝に関するある論文は、次のように述べている。

交渉において、女性はフェアであろうとするが、男性は勝とうとする……女性の自己評価は、担当上司による評価よりも低いことが多く、自分の能力に対する自信も強くないことが、複数の調査により確認されている。*38

この論文は、女性は男性と比べ、いわゆる印象マネジメントにあまり注意を払わないことで損をしているとも指摘する。相手に与える印象は、実績評価や採用の可否に影響を与えるからだ。女性がなかなかリーダーに選ばれないのは、自信や強い意志を表現しようとしないことと関係がある。高い地位への昇格を提示されたとき、女性は「私に務まるのだろうか」

「自分にはその資格があるのだろうか」と考えがちだし、実際にそう質問したりする。これに対して男性は「待ってました！」「なんでもっと早く指名してくれなかったんだ？」と感じることが、実証研究で確かめられている。自分にはリーダーの資格があると考えず、したがって昇進や昇給を積極的に要求せずにいれば、性別や人種がどうあれキャリアアップのチャンスが減ることは言うまでもない。

アメリカ企業で働くアジア人について調査したある研究報告によると、フォーチュン五〇〇社のうち、ＣＥＯと経営幹部に占めるアジア人の比率はわずか二％だという。またアジア人の報酬は白人よりすくない（報酬に影響をおよぼす要因を統計処理により排除したあとでも、である）。こうした結果を招く原因の一つは、エグゼクティブとしての存在感や威厳を保つために必要な立ち居振る舞いが、アジア人（および女性）の行動規範と衝突しがちだからだという。

アジア人自身が認めるとおり、アジアの人々は欧米人とは異なるコミュニケーション・スタイルや人間関係を身につけている。また、実力や技術的知識を重んじる傾向がある……アジア系の専門職の人たちは、自分にはエグゼクティブとしての威厳や貫禄がないと考えて、昇進を求めないことが多い。このことは、女性をはじめ、職場の他のマイノ

リティ集団にも当てはまる。[*39]

ではいったい、「エグゼクティブとしての威厳」とは何だろうか。ともかく、謙虚さでないことはたしかだ。

アメリカの企業文化では、自己主張や個人主義的な考え方が重んじられる。これは、アジアの伝統とは真っ向から対立する価値観だ……多くのアジア文化では慎み深く控えめであることがよしとされているが、これは現代の職場環境にはまったくそぐわない……中国では「声の大きいアヒルは撃たれる」と言い、日本では「出る杭は打たれる」と言う。これらは、大勢の中から際立つ行動をとることを戒めたことわざだ。あきらかにこうした価値観は、自己主張や自信がモノを言うアメリカの企業環境で求められるリーダーシップの資質とは、相容れない。[*40]

この研究はアジア人や女性が抱えるキャリアの問題を中心に論じているが、この結論はすべての人に当てはまる。つまり、リーダーシップ本などでどれほど謙虚さが重視されようと、現実の世界でキャリアアップに役立つのは自己宣伝や自己主張だと言ってよい。

ナルシスト型行動は出世に有利

以上のように、謙虚とはかけ離れたナルシスト型の性格や自己宣伝、自己主張といった行動は、リーダーに選抜されるうえでは功を奏する。このことは、自然に形成される集団にも、より定型的に選抜が行われる軍隊などの組織にも当てはまる。では、リーダーまでのぼり詰めたあとについては、どうだろうか。

この点に関しては、多くの研究が、リーダーの性格と組織の業績、部下の意欲や離職率などに注目している。そして、読者は意外に思われるかもしれないが、ナルシスト型リーダーが率いる組織の業績は、そうでないリーダーが率いる組織を上回っているのである。中西部のハイテク製造業一七三社を対象に行われた調査では、ナルシスト度の高いリーダーが経営する企業は、社内に活力があり、大胆で積極的な戦略行動をとる傾向が強く、その結果として業績の変動が大きいことがわかった。また、専門職スタッフ二〇三人を対象に行われた調査では、ナルシスト型のリーダーはマネジメント・スタイルの面で部下と軋轢《あつれき》を起こしがちではあるものの、コミュニケーション能力、創造性、戦略思考の点では高く評価されていることもわかった。[*41]

二〇〇七年に始まった金融危機の最中に三九二人のＣＥＯを対象に行われた調査によると、ナルシスト型リーダーは自信過剰で自己陶酔が強いことが災いし、危機発生当初は経営を悪化させる可能性が高いという。だがこのタイプのリーダーは行動的でリスクテークを恐れないため（なにしろ自信たっぷりなので）、危機後の回復期には企業をすばやく立ち直らせることもわかった。[*42]

アメリカ大統領にくわしい一二一人の専門家（歴史家、評伝作家など）が四一人の大統領の人物評価を行った調査の分析結果も興味深い。それによると、大胆不敵の項目で評点が高い大統領ほど「リーダーシップ、説得力、危機管理、議会との関係維持」にすぐれており、新規プログラムの推進といった客観的な手腕にも長けていることがわかった。評価を行った専門家たちは、このタイプの大統領をワールドクラスの人物と認めている。[*43]

また四二人の大統領について、専門家による人物評価、大統領の過去の実績、大統領の能力を表す客観的指標のデータを統合した研究も行われている。この研究では、ナルシシズムには相反する作用があると指摘されている。ナルシスト型のリーダーは自分を目立たせることに長けており、他人から高評価を得やすく、また雄弁で説得力がある一方で、意思決定において自信過剰であるため、他人の意見を聞こうとせず、チームのメンバーを無視しがちである。この両面が大統領の手腕に影響をおよぼすという。そして誇大なナルシシズムは「大統領としての成功を示す客観的かつ独立的な指標と相関する……一方、倫理面をはじめとするいくつかの領域ではマイナスの指標と相関する」と結論づけている。また、ナルシスト度は一般の人々より大統領のほうがはるかに高いとし、しかも任期中にさらに高まるという。[*44]

組織や集団のパフォーマンスのほかに、リーダーの在任期間や報酬も重要なポイントだ。組織の業績を最重視することは言うまでもないとしても、大方のリーダーが自分の成功を気にかけていることはまちがいない。世間の目を気にしてあからさまに公言しないものの、うまく生き残って地位を維持するとともに地位に伴う報酬を確保することは、彼らの重要関心事である。リーダーたちが注ぎ込む労力と時間が、そのことを雄弁に物語っている。

この点に関して、ナルシスト型性格はどのような影響をおよぼすだろうか。スタンフォード大学ビジネススクール教授のチャールズ・オライリーらは、ハイテク主要三二社のCEOを対象にした画期的な調査を行った。三二社中三一社がフォーチュン一〇〇〇社にランクされ、全体で二〇〇九年にランクされたハイテク企業の売上高合計の六七％を占めている。オライリーは、これらの企業が西海岸の三大ビジネススクールから各社二〇人以上の卒業生を採用していることに目をつけ、彼らに匿名で自社のCEOの評価を行うよう依頼した。評価に使うチェックリストには、ナルシスト度を計測する例のNPIテストも一部含まれている。各社平均して勤続年数七年以上の社員八人が自社のCEOの評価を行った。

結果について、オライリーは次のように総括している。「CEOのナルシスト度は、報酬総額、経営陣との報酬の差、CEOが保有する自社株の時価総額と強い相関性があることがわかった。また、CEOの在任期間とも有意な相関性が認められた」[*45]。より高度な統計処理を行って、CEOの報酬と在任期間に影響を与えそうな要因を取り除いたところ、「ナルシスト度の高いCEOは在任期間が長くなるにつれてより多くの報酬を要求するほか、経営チーム内の報酬格差も拡大する。この点は、ナルシスト度が低く在任期間の短いCEOと比較して顕著に認められる」という。[*46] 要するに、ハイテク業界のように比較的若い業界でさえ、ナルシスト型のCEOはより多くの報酬の確保、より長い地位の維持に成功している。

実験やフィールド調査に基づく広範な研究においても、同様の傾向が認められている。以上の点から、次のような事実が浮かび上がる。

第一に、謙虚なリーダーというものはめったにいない。一方、ナルシスト型のリーダーは、生産的か非生産的かを問わず、きわめて多い。アメリカ大統領や大企業の経営者など、卓越したリーダーとして尊敬される著名人の中にもナルシスト型はすくなくない。むしろ著名なリーダーほどナルシスト・タイプが多いと言ってよかろう。彼らが積極的に顔を売り、認められ、頂点にのぼり詰めるのはこのためだ。第二に、ナルシスト型の性格や自己宣伝、自己主張といった行動は、リーダーの選抜や面接評価などで一貫して有利に働く。第三に、ナルシスト型のＣＥＯは他の経営陣よりも報酬が高く、在任期間も長い。これはおそらく、ライバルを排除する意思があり、その術《すべ》も心得ていることが一因だろう。

加えて、ナルシスト型のリーダーは、すくなくともある面では他の人よりすぐれている。まず、ビジョンやアイデアを売り込むのがうまいので、他人、とりわけ社外の他人からの支援をとりつけることに長けている。また、人々の注目を集めやすく、このタイプのリーダーがいるだけでものごとが進むという面もある。リーダーとしては大いに有効なこうしたメリットがあるとなれば、リーダーシップ教育産業がいくら「謙虚であれ」と言っても、謙虚なリーダーが少ないのも無理はない。

もし謙虚なリーダーを本気で望むなら

以上の点からすると、リーダーに謙虚であることを求めるべきかどうかはかなり疑わしくなってくる。謙虚だけでなく、後の章で取り上げる自分らしさや誠実にしても、人々がリーダーに求める資質は、リーダーとしての意思決定や行動にそぐわないことが多い。

この不一致を単なる偽善と片付けるべきではあるまい。そこには本質的な二面性があると感じる。一方で、多くの人はリーダーに社会的に求められる資質が何かを理解しており、

「リーダーはどうあるべきか」と訊ねられると、そうした見方や価値観に基づいて答える。その一方で、人間は規格外れの大物に魅力を感じるものだ。傑出した人物を目にすると、直観的に、彼らの特徴こそがリーダーの特徴だと考える。だが往々にしてそうした人物は謙虚とは正反対の性格を備えている、というわけだ。

それでもなお、謙虚なリーダーを選びたいと考えるなら、それはむずかしくない。NPIテストはナルシスト度を計測する信頼の置ける方法であるから、人物評価の一環としてリーダー選抜時にこのテストを実施すればいい。あるいは、ハイテク企業のCEOやアメリカ大統領を評価した調査手法に倣《なら》って、事情に通じた第三者に評価してもらえばよいだろう。また、相手がすでにどこかのリーダーなら、一人称を多用するか、自分の写真をでかでかと年次報告書に載せているか、といった点をチェックするとよい。

しかし多くの企業は、そうした選抜方式は採用していない。押し出しがよく、雄弁で、自己宣伝のうまいナルシスト型の人物を好んで採用している。これでは、望んでいることと正反対の結果になるのも当然と言えよう。

第3章

自分らしさ

「本物のリーダー」への過信と誤解

アリソン・デービス＝ブレークは、現在ミシガン大学ロス・ビジネススクールの学長である。このビジネススクールは全米トップテンにランクされ、公立では全米最高といわれることも多い。デービス＝ブレークは、ミシガンに来る前はミネソタ大学ビジネススクールの学長を務めていた。どちらの場合も女性がその地位に就くのは初めてのことである。

ビジネススクールに限らず、高等教育機関で女性が要職に就くケースはアメリカでもめったにない。しかも彼女は、ロス・ビジネススクールでたった二年のうちにめざましい成果を上げた。新規に優秀な教員二一人を採用したほか、学士の取得率を二〇%も引き上げ、新たな修士プログラムを導入し、インドや東南アジアでの知名度を高めた。さらに特筆すべきは、ミシガン大学始まって以来の大規模な資金調達に成功したことである。就任一年目でビジネススクールに一億ドル、体育学部に一億ドルの寄付を取り付けるという快挙を達成した。[*1]

独身だった頃の彼女を知っている人は、いまの地位を知ったらびっくり仰天するにちがいない。一九八〇年代に博士課程で組織行動を研究していた頃には、どう見ても学長になるようなタイプには見えなかった。もし博士課程の学生に学長になれそうな順位を付けるとしたら、彼女はまちがいなくビリだっただろう。なにしろ内気で、もの静かで、控えめだった。あまりにおとなしいので、博士課程一年次の評価の際に、指導教官から「あなたは学業成績はいいが、人前で話したことがない。もっと発言しなさい」と助言されたほどである。

ビジネススクールの学長になるには、どう考えても、もの静かで控えめとは逆の行動が必要だ。学長にしろ、社長にしろ、のべつ人前で話さなければならない。実際、話すことが仕事の大半を占めていると言っていいほどである。デービス＝ブレークが有能なリーダーであることはまちがいないが、そうなるためには、自分の生まれ持った性格とは正反対のふるまいをするという重大かつ困難なスキルを身につけなければならなかったはずだ。もちろん、控えめであることにはすばらしいメリットもあるし、そのことは彼女自身もわきまえているだろう。たとえば、出しゃばらない聞き手でいれば、相手に気持ちよく話してもらうことができるし、重要なヒントや大切な知恵を聞き出すことにつながる。それでも彼女がリーダーとしての資質を苦労して身につけたことはまちがいない。

リーダーというものは、つねにエネルギーを発散し、他人のことに気を配らなければならない。すくなくとも、そう見せかけなければならない。たとえ自分がそのときどんな気分であっても、である。

二〇〇四年の冬のこと、カジノ・チェーンのシーザーズのＣＥＯゲイリー・ラブマンはビジネススクールで講義を受け持った。そのとき彼は風邪をひいて三八度を超える熱を出していた。ふつうの人間であれば、朝の八時から正午まで二コマも講義をするなんて、ごめん蒙りたいところだろう。だがラブマンはちゃんと準備をしてきて、学生の質問にも丁寧に答えていた。一万人以上の社員を抱える企業のトップとして、多くの社員は自分を年に一度ぐらいしか見ないこと、それも挨拶程度であることを彼はよく知っている。だがその挨拶程度が大事なのだ、とラブマンは言う。どんなときにも社員に見られていることを意識し、自分の体調や家庭の事情がどうあれ、身も心も充実し、会社のこと社員のことに全力投球しているところを見せなければならない。そして、あのCEOなら任せておいて安心だと、社員にも世間にも納得してもらう必要がある。だからラブマンは、デービス＝ブレークと同じく、リーダーとして公の顔を持っており、それを崩すことはない。

　この二人のリーダーは、他の優秀なリーダーと同じく、決定的な瞬間にリーダーに求められるのが「自分らしさ」ではないことを重々承知しているのである。すくなくとも、「自分らしくある」とは自分のほんとうの感情を大切にし、それをあらわにすることと解釈する限りにおいて、リーダーは決定的な瞬間に素の自分であってはならない。自分の気持ちに忠実にふるまうことは、むしろリーダーが最もやってはならないことの一つである。リーダーは、その状況で求められるとおりに、周囲の人が期待するとおりに、ふるまわなければならない。そして多くの場合、人々が求めるのは、大丈夫、きっとうまくいく、という安心感である。

ジーナ・ビアンキーニは、ネットスケープのマーク・アンドリーセンとNing（ニング）を創設した。また最近ではMightybell（マイティベル）も立ち上げている。どちらもソーシャルネットワーク関連の事業である。ビアンキーニはフォーチュン誌の「最もパワフルな女性」に選ばれたことがあり、たしかに自信に満ちた精力的な印象を与える女性だ。起業家たるものは自信を示すことが大切だと彼女はよくわきまえている。スタートアップの経営者が自信なげだったら、どうして優秀な人材を集め、さらには顧客の信頼を勝ち得、資金を調達することができるだろう。スタートアップには浮き沈みがつきもので、ビアンキーニにも苦しい時期はあった。親しい友人には不安や悩みを打ち明けたこともあるが、それ以外の場ではつねに楽観的に明るく自信たっぷりにふるまっていた。これは、仕事にほんとうに情熱を持っていたからでもあるが、起業家には情熱や自信が不可欠の資質であり、内心はどうあろうと公の場ではそれをつねに態度に表さなければならないと覚悟を決めていたからである。

もっとも、素《す》の自分とはちがう自分を演出しなければならないのは、リーダーだけではない。自分の感情に負けないことは、多くの分野でよい成績をあげるために必須の資質と言える。たとえばスポーツでは、痛みや疲れをこらえてプレーしなければならない場面がままある。相手に圧倒されて、あるいは敗色が濃くなってきて、意気阻喪するときもあるだろう。それでも気力を振り絞らなければならない。つねにそれができる選手は、おそらくは無意識のうちにやっているのだろう。偉大なことが成し遂げられるのは、多くの場合、自分の感じるままに行動したいという欲望に流されず、それを乗り越えたときである。

社会学者のアーリー・ホックシールドは、セールスマン、カスタマー・サービス、客室乗務員、ディズニーランド（謳い文句によれば地球上で最も幸福な場所である）[*2]のスタッフといった接客業について研究し、彼らは日常業務の一環としてつねにポジティブな感情を表すことが要求されている、と指摘する。実際にはそんな気分になれないときも、である。[*3]ホックシールドによれば、こうだ。

> 感情というものは……マネジメントの対象になりうるし、実際にもしばしば感情のマネジメントが行われている。多くの人が、状況にふさわしいふるまいをするために、自分の感情を抑えたり、あるいは逆に高めたりする……客に何らかの意味や価値を伝える仕事では、このことがきわめて重要である。育児における階層のちがいを調査すると、中流階級では子どもに感情を抑えることや適切な感情を表現することを教えるが、労働者階級ではあまり教えないことがわかった。[*4]

ホックシールドの研究は、実際の感情とは裏腹につねにポジティブな感情を表現しなければならない職業は、心理的に負担が大きく、ストレスが多いことを示している。ただしそうした職業は金銭的見返りが大きいという。社会階層が再生産される理由の一つは、中流階級の子どもたちは感情マネジメントの手ほどきを受けているためよりよい職業に就けるからではないか、とホックシールドは指摘する。

だからといって、感情マネジメントを学んで自己表現を自在にできるようになることがつねによいことだとか、「自分らしさ」を封印することが望ましい、などと言うつもりはない。ただし素の自分を出さないリーダーのほうがはるかに多いこと、またそのほうがリーダーとして力を発揮しやすいことは覚えておくべきだろう。

「オーセンティック・リーダーシップ」は、こうして大流行に

オーセンティック・リーダーシップ、すなわち誰かをまねするのではなく自分らしさを前面に押し出すリーダーシップはいまや大流行であり、たくさんの本が書かれ、セミナーや講演も花盛りである。一六項目の「オーセンティック・リーダーシップ・チェックリスト」なるものも存在する。このチェックリストでは、自分の信念に反するような意見の表明を迫られた場合にどうするか、本音をはっきりと言ったことはあるか、つねに言行一致であるか、

といった質問に答える。[*5] もちろん、オーセンティック・リーダーシップを教えてくれるところもある。たとえばオーセンティック・リーダーシップ研究所のウェブサイトを見ると、「あなたの真のリーダーシップを発掘し、変身させる」といったことが謳われている。[*6] だが、訓練によってオーセンティックになれる、あるいはすくなくともオーセンティックに見える、という考え自体がひどく皮肉だし、いかがわしいのではあるまいか。かつてコメディアンのジョージ・バーンズが言った「成功の秘訣は誠実だが、そう見せかけることさえできればこっちのものさ」という有名な台詞を思い出させる。[*7]

オーセンティック・リーダーシップという概念には、リーダーシップ教育産業の特徴のすべてがよく表れており、その大半は科学からも現実からも遊離している。第一に、善意から誤った価値観を押し付けている。第二に、規範的で、「こうすべきだ」「ああしなければならない」とむやみに指図する。第三に、そうしたリーダーは現実にはめったにいない。よって第四に、この産業が教えることは実行不可能か、受講者を誤った方向へ導く。

オーセンティック・リーダーシップがいつ頃から重んじられるようになったのかは、はっきりしない。だが二〇〇四年には、ギャラップ・リーダーシップ研究所の主宰で、オーセンティック・リーダーシップ開発に関する第一回会議がネブラスカ大学リンカーン校で開かれている。この会議終了後に報告書が発表されるとともに、リーダーシップ研究の学術専門誌リーダーシップ・クォータリー誌の特別号も発行された。この会議と報告書から、このテーマをめぐる動きについて多くを知ることができる。

第一に、オーセンティック・リーダーシップ開発に取り組む動機はじつに立派であり、称賛に値する。ほんとうの自分を見つけ、それを大切にすることをリーダーに求めるようになったのは、現代では失敗するリーダーがあまりにも多いからだ。グローバル金融危機の前でさえ、道を踏み外して組織を破綻させるリーダーが後を絶たなかった。不平等が深刻化し、技術革新が急速に進み、経済統合から感染症の伝染にいたるさまざまな面でグローバルな相互依存が拡大する今日の世界では、リーダーが直面する問題は増える一方であり、彼らがうまくやれないのも無理はない。そこで、リーダーが備えるべき資質は何か、ということが真剣に模索されたわけである。

オーセンティック・リーダーシップは、失った信頼を取り戻し未来への希望をつなぐという純粋な動機から求められた一方で、別の論拠にも裏付けられている。カール・ロジャーズやアブラハム・マズローが提唱するポジティブ心理学やヒューマニスティック心理学などだ。[*8] このようにオーセンティック・リーダーシップ論には、経営学と心理学の両方が関わっている。

第二に、オーセンティック・リーダーシップ開発では要求や指図が多い。たとえばリーダーシップ・クォータリー誌特集号に掲載された論文によると、「ビル・ジョージは『われわれに必要なのは目的、価値観、強い倫理観をもって導いてくれるリーダーである』と簡潔に述べている。オーセンティックなリーダーとは、長く生き残れる組織を構築できるリーダーのことである」という。[*9] そして数ページあとでは、「リーダーは、自分自身や部下が継続的に学習し成長できる開放的な組織環境を育まなければならない」とある。[*10] こんな具合に「あれをしなければならない」「これをすべきだ」という表現が多いことがオーセンティック・リーダーシップ教材の特徴である。これはまた、リーダーシップ教育産業全体について言えることでもある。

ところで、そんなリーダーは存在するのか？

オーセンティック・リーダーシップ開発がうまくいっているのであれば、もっとオーセンティックなリーダーが出現してもよさそうなものだが、現時点でそうしたリーダーがたくさんいるとは思えない。リーダーをめぐる問題にいっこうに解決する兆しが見られないことからも、オーセンティック・リーダーシップ開発がさかんに行われていることからも、そう判断してよかろう。それに、オーセンティック・リーダーシップが容易に身につくものであれば、次から次へと本が書かれるはずもあるまい。

オーセンティック・リーダーシップに関する本や講演が言及しないことの一つに、基準率がある。基準率とは統計用語で、もともとの存在比率のことだ。これは出発点となる重要な数値で、オーセンティック・リーダーの場合には、そうしたリーダーがどれだけ存在するのか、もしほとんどいないならそれはなぜか、といったことを検討する根拠となる。また、リーダーシップ育成効果や現状の改善の度合いを判断するうえでも基準率は重要だ。要するに、基準率がわからなければリーダーシップ開発や教育研修の成果を計測することはできない。

オーセンティック・リーダーの出現率に言及した論文が存在しないことは、グーグル・スカラーを検索すればすぐにわかる。「リーダーシップ」で検索すると二〇〇万件以上がヒットすることはすでに述べたとおりだが、「オーセンティック・リーダーの比率」「オーセンティック・リーダーのパーセンテージ」「オーセンティック・リーダーの出現率」「オーセンティック・リーダーの人数」などで検索すると、結果はみごとにゼロである。一般のグーグルで「オーセンティック・リーダーは何人いるか」といった検索をかけても、まったくヒットしない。ただし引用符を外してフレーズ検索でなくせば、文字通り数百万件がヒットし、オーセンティック・リーダーシップの資質や習得方法などについて、饒舌《じょうぜつ》かつ懇切丁寧に教えてくれる。
医療分野では、あらゆる病気について発生率が正確にわかっている。どんな状況で、どんな地域に、どの程度その病気が発生するかということが重要な情報だと理解されているからだ。だが、ことリーダーシップに関しては、そうは考えられていないようである。

そもそも「真の自分」は存在するのか

オーセンティック・リーダーシップとは、いったい何だろうか。この言葉を検索してヒットしたウェブサイトを覗いてみたら、じつにたくさんの資質が列挙されていることがわかるだろう。倫理観、エネルギー、強い印象、高潔、影響力、統率力[*11]、夢を持っている、自分を大切にする、勇気、チーム・スピリッツ等々[*12]。ありとあらゆる好ましい資質がオーセンティック・リーダーシップと結びつけられているように感じられるほどだ。

一方、学術的な研究では、もうすこし狭い定義がなされている。「生まれ持った性質と『調和』し、自分自身や自分の人生を正しく認識できる」「『己を知る』という動機に突き動かされ、思想、感情、欲望、信念などに関して個人的な経験知を持ち合わせている」といった具合である。

これらの定義からすれば、元下院議員でニューヨーク市長の最有力候補だったアンソニー・ウェイナーは、ほかのことはともかく、「自分らしさ」を大切にしたとは言えるだろう。ウェイナーは、インターネット上で知り合った複数の女性に文字どおり裸の自分を写した写真を送りつけたことで大スキャンダルになった。彼はまちがいなく自分の感情にしたがって行動した。

これは極端なケースではあるが、この例からも、世の中で成功したかったら自分らしさを抑えることのほうが、自分らしさに忠実であるよりずっと大切だとわかる。リーダーは、部下や支持者や社会が求めるような人間であること、その時々の状況で求められるような行動をとることが必要なのであって、自分の本性にしたがうべきではない。

ある友人のお嬢さんは大学に入って悪い仲間と付き合うようになり、ある日薬物の過剰摂取で昏睡状態に陥り、数カ月後に亡くなってしまう。友人の苦しみは察するにあまりある。彼はある大学のシニア・アドミニストレーターで、当然ながら多くの人から同情され、深い哀悼の意を捧げられた。とはいえこうした大きな組織は、リーダーの個人的な悲劇はどうあれ日々運営しなければならないし、上司も同僚も部下も彼を必要としている。「娘を亡くすという経験は私の心から消えることはない。この悲しみを忘れる日はけっして来ないだろう。それでも仕事はしなければならない。個人的に何があろうと、組織も人も止まることはないのだからね」と彼は語っている。

では彼は、オーセンティックではないのだろうか。その判断は読者に委ねよう。だが単純な事実を言うなら、リーダーはリーダーとしての役割を果たさなければならない。自分の気持ちがどうあれ、リーダーの義務を果たさなければならない。置かれた環境の中でリーダーとして成功するためには、真の自分に忠実であるよりも、そのほうがずっと役に立つ。それに、そもそも「真の自分」などというものがあるのだろうか。

ゲイリー・ラブマンが語るように、キャリアの階段を上るにつれて、人間関係の形成がきわめて重要な意味を持つようになってくる。学生時代なら、嫌いなクラスメートがいても何の問題もない。そいつと付き合わなければいいだけのことだ。口をきくのもいやだったら黙っていればいい。だが、大勢が互いに依存する組織でリーダーの座に就いたら、もはや誰かを「嫌う」ことは許されない。

さらに言えば、よりよい人間関係を形成するのに、相手を好きだとか嫌いだとか、個人的な感情はほとんど関係がない。地位が上がれば上がるほど、自分の個人的な信条や、感情や、好みに基づいて行動する自由はなくなる。つまり「自分らしさ」を発揮する自由は失われるのである。リーダーというものは、ひたすら組織を成功に導くために、また組織で成功するために必要な行動をとらなければならない。

「自分らしくあれ」という教えには別の問題もある。職場での話に限っても、人間は仕事の経験を通じてつねに変化し、また成長していくものだ。誰も生まれつき医者や弁護士やゴルファーや大工だったわけではない。私たちは仕事上のスキルだけでなく、自分の仕事や職場やさらには組織の価値観や文化も吸収する。だから好みや価値観も仕事を通じて形成されると言えるだろう。社会心理学では、態度は行動に従うという原理がある。*13 医者になって長く働いたら、医者として毎日やらねばならないことが好きになるだろうし、多くの面で医者としての役割をよく果たせるようになる。

自分の仕事から学び、適応するこのプロセスは、止まることがない。となれば、ほんとうの自分はどれなのだろうか。高校生の頃の自分がほんとうの自分なのか。大学生のときか。それとも友人としての自分、家族としての自分か。それともリーダーとしての自分なのか。

人間は、もっとサッカーがうまくなるには、もっと成績を上げるには、もっと効率よく仕事をこなすには、どうしたらいいかを考えるものだ。置かれた環境で成功するにはどうしたらいいかを学び、あるいは成功するためによりよい環境に移るにはどうしたらいいかを考える。こんなふうに日々成長し、変わっていくのだとしたら、かりそめの「真の自分」にいつまでもこだわるべきではあるまい。

「自分らしさ」は臨機応変に捨てよう

シリコンバレーのハイテク企業でシニア・マネジャーをしている女性（仮にシャーリーンとしよう）が相談に来たことがある。シャーリーンは台湾出身で、目上の人を敬い、つねに謙虚に身を慎み、争いを避けてまじめに働くよう教えられて育った。彼女が私のところにやって来たのは、同じ上司の下で働く別の部署のリーダー（男である）が自分の部署の乗っ取りを画策していることが判明したからである。両親の教えに従い、争いを避けるべきか。それとも、常日頃の自分だったら使わないような戦術を駆使して闘うべきか。

一五分ほど話を聞いただけで、シャーリーンが自分の置かれた状況を説明するのに「同僚の中でいちばん若い」「この会社での勤続年数がいちばん短い」「その事業部では唯一の女性シニア・マネジャー」といった表現をしきりに使うことが気になった。「たしかにあなたはいちばん若くて、勤続年数がいちばん短くて、唯一の女性だとしても、そんなことを強調する必要はない。これから私が言う表現だって、あなたを形容するのにふさわしいはずだ。頭がよくて、分析能力がきわめてすぐれていて、同僚の中では稼ぎ頭である。どう？」。彼女は躊躇した。そんなことを自分から言うのはとんでもない、と教えられて育ったのだから無理もない。だがシャーリーンは背筋を伸ばすと「ええ、たしかに」と頷いた。「ではこれで、自分を形容するのに二組の表現があることになる。どちらも正しい。どちらを上司の前で使うかは、あなた次第だ。だがこの選択は、あなたがどれほどの価値のある人間で、この先どうしたいのかを示すうえで、非常に重要な意味を持つことを忘れないように」。喜ばしいことに彼女は長年の「自分らしさ」を上手に抑え、困難な状況をうまく乗り切った。

この手の話はめずらしいことではなく、残念ながら不幸な結果に終わることもままある。そのことは、大企業や法律事務所の幹部職に女性が少ない一因を説明していると言えよう。前章でも述べたように、自信は成功を大きく左右する要素だ。成功する人間に、自分を売り込むことを尻込みするような内気なタイプはめったにいない。フェイスブックのCOOであるシェリル・サンドバーグは、女性がだいたいにおいて自信がなく、控えめに過ぎ、押しが足りないと気づき、しかし背中を推す人がいれば、実践していくうちに必要なものが身につき、成功の確率は高まると考えた。そうした思いから書いた『LEAN IN（リーン・イン）』（邦訳は日本経済新聞出版社刊）は全世界でベストセラーになっている。リーン・インとは、前向きに一歩踏み出すというほどの意味である。

となれば、女性が成功するにはもっと「自分らしさ」を抑えるほうがいいのだろうか。もし典型的な女性の性質が争いを好まず、交渉で弱気になり、昇進や昇格を要求できず、目立つことがきらいなのだとしたら、そうした傾向は抑えるほうがいいだろう。『LEAN IN』を読めばすぐわかるように、[*14] 個人的な感情や家庭でのしつけや学校などでの役割分担がどうあれ、仕事で成功するためには、控えめすぎる自分を前へ押し出す勇気が必要である。女性にとって、いや男性にしても同じことだが、自分らしくしていて仕事で成功できるのは、そもそも仕事で成功する資質を生まれ持っている人だけである。そうでない人は、自分を奮い立たせ、自分を押し出し、主張すべきを主張し、光の当たるところに踏み出さなければいけない。

ここで、別の例を挙げよう。世界中の人が、アメリカ大統領の中でもジョン・F・ケネディこそはまさにリーダーになるべくして生まれたカリスマ性のある人物であり、輝かしいオーラを放ち、魅力ある話し手だと考えているだろう。彼のすばらしい演説の多くはひんぱんに引用される。だがサーストン・クラークによるケネディの評伝『ケネディ――時代を変えた就任演説』（邦訳は彩流社刊）の書評には、次のように書かれている。

> クラークの指摘によれば、ケネディは「アメリカ大統領の中では最も複雑で謎めいた人間の一人だった」という。彼は生活をさまざまな面に分けていた。そしてひんぱんに矛盾することを口にしたり、行動に移したりした。アルフレッド・カジンは「自分をつね

――に作っては作り直す」と語ったそうだが、まさにこれが当てはまるのがケネディだった。[*15]

だからといって、成功したリーダーとしてのケネディの価値が損なわれるわけではない。それに、「自分を作っては作り直す」ことは誰もがふつうにやっているし、状況に応じて行動を変えるのはあたりまえのことだ。

ネルソン・マンデラもそうだった。近代南アフリカの父と呼ばれるマンデラは、アパルトヘイトの時代に二〇年以上も刑務所に入れられていた。ジャーナリストで、マンデラと個人的に親交のあったビル・ケラーの記事によれば、ケネディと同じくマンデラも矛盾に満ちた人物である。

マンデラは若い頃一時的に南アフリカ共産党の一員だったことがあり、かつ長期にわたって共産主義者と手を組んでいた。このことは彼のイデオロギーよりもむしろ現実主義を物語っている。彼は黒人国家主義者であると同時に人種差別撤廃論者であり、武力抗争に反対する一方で暴力を容認し、短気であると同時に冷静であり、マルクス主義の本を愛読すると同時に欧米の民主主義を賛美し、共産主義者と連携しながらも、大統領になると国内の有力資本家と手を組んだ。[*16]

ではネルソン・マンデラは、オーセンティック・リーダーではなかったのか？　たとえそうだとしても、誰もそんなことは気にしないだろう。

最も重要なリーダーシップ・スキルの一つは、つねに人に見られていることをわきまえ、たとえ内心は冷や汗ものでも、ともかくもリーダーらしくふるまう能力である。社会心理学者のデボラ・グルーエンフェルドは、スタンフォード大学ビジネススクールで「権力と行動」と名づけられた講座を受け持っている。この講座は、とくに階層組織において重要なリーダーシップ・スキルを身につけられるよう設計されているのだが、その内容説明はなかなか興味深い。

> 多くの人が階層組織内の力関係に悩まされている。本講座は、実践的な行動スキルや心理学の知識を教え、それらを各自が活用して階層組織において期待される役割を果たすにはどうしたらいいかを考える。本講座は、権限の大きい地位に求められる役割を演じること、権力を持つ者として行動することに困難を感じている学生にとくに適している。

グルーエンフェルドのクラスでは、大勢の人とやりとりをするとき、人間は否応なくさまざまな面を見せるという基本的な事実をまず認識する。これは、社会学者のアーヴィング・ゴッフマンが数十年も前に指摘したことだ。[*17]となれば問題は、この自己表現をどのように効果的に行うか、ということに帰着する。

ベテラン編集者のハリエット・ルービンも、自己表現あるいは自己演出の重要性を指摘する。ルービンはVISAの創設者ディー・ホック、インテルのアンディ・グローブ、ナイキのフィル・ナイト、スターバックスのハワード・シュルツ、ハーマンミラーのマックス・デプリーなど、多くのリーダーを間近で見てきた。彼らがなぜあれほどの成功を収められたのか、興味を持ったルービンはつぶさに人間観察を行い、リーダーにとって「素の自分を封印する」ことの大切さに気づいたという。

彼らの成功の裏には、つねに計算や演出や演技がある。グローブが会長だった時代のインテルのエピソードはとりわけ興味深い。グローブは、有能でも内気なマネジャーにはオオカミ塾と呼ばれる強烈な研修への参加を義務づけていた。その研修では、上司につかみかからんばかりの勢いで議論をする訓練や、大声で提案を突きつける練習をする。生来おとなしい人も、オオカミらしくふるまわなければいけない。自信ありげにふるまっていれば、ほんとうに自信がついてくる。ハッタリも、そのうちハッタリではなくなるということだ。

奇妙なことだが、私が見てきたリーダーの多くは、いちばん自分らしくないときにいちばんパワフルだった。ほんとうの自分らしさを発掘するというよりは、求められている役割を演じるうちに予備の自分が作られるようなイメージだ。*18

リーダーの座に就いたら、自分が生まれ持った資質や性格にいつまでもこだわっていてはいけない、とルービンは指摘する。リーダー役を務める覚悟を決め、それが自分の自然な一部となるまでリハーサルを繰り返し、演じ続けなければならない。すぐれたリーダーは、人間が多面的、多次元的な生き物であることを理解している。だからリーダーになったとき、多少居心地が悪くても、「真の」自分とはちがっても、リーダーに求められる役割を演じることができる。

心理学的には、「つねに自分らしく」は不可能

以上のように、オーセンティック・リーダーシップはあまり有効とは言えない。いやそれどころか、そういうものを発揮することは不可能と言うべきだろう。過去数十年間に行われ

た社会科学分野の研究が示すように、人間の意識や行動は置かれた環境と深く結びついている。したがって、自分に忠実であろうとして周囲の条件や制約を無視したり、それに抵抗したりすることになれば、周囲の人との軋轢や確執につながりかねない。

ある古典的な研究は環境が行動におよぼす影響をあきらかにし、オーセンティックにふるまうという概念自体に疑問を呈している。ミシガン大学社会学研究所のシーモア・リーバーマンは、中西部にある家電メーカーの従業員ほぼ全員（四〇〇〇人）の意識調査を行った。その後、二三人が職長に、三五人が組合役員になった。それからしばらくして改めて調査を実施したところ、職長になって会社の管理側になった人たちは、会社に協力的になり、また実績主義を支持するようになった。一方、組合役員になった人たちは、組合寄りの姿勢になり、年功序列を支持するようになった。どちらにもならなかった人たちにはとくに変化は見られなかった。やがてアメリカが不況に陥り、職長になった人たちの一部と組合役員になった人たちの一部が現場に戻された。すると、元の職場に戻った人たちは、また元の価値観に戻ったのである。組合役員だった人たちはあまり組合に好意的でなくなり、職長だった人たちもとくに会社の経営陣を支持しなくなった。[*19]

この調査から「割り当てられた役割はその人の意識に多大な影響をおよぼす」ことがわかる。これは役割理論のまさに核心であり、多くの調査で繰り返し裏付けられてきた。この理論のリーダーシップとの関連性について、ジェラルド・サランジックと私はある大規模な州立大学の事務官五三人の行動調査を行ったことがある。その結果、事務官としての行動は、その人がやりとりする他人からの期待に応じて変わることが確かめられた。部下からの期待は社会的な行動に、上司からの期待は仕事上の行動に強く反映される。[*20]

これは、道理に適っている。要するにものごとにどう対処するかは、その人の「立ち位置」次第だということだ。その人の立場によって、やりとりする相手もちがえば、受けとる情報もちがってくるし、評価や報奨もちがってくる。だから意識や行動が役割に応じて変わるのは当然のことだ。

だがこのように地位や役割が行動に影響をおよぼすとしたら、「オーセンティック」であるとか「自分らしく」あるというのは、いったい何を意味するのだろうか。リーバーマンの調査では、組合役員になった人はより組合員らしくなり、職長になった人はより会社幹部らしくなった。だがそれも役割が変わるまでのことで、元の役割に戻ったら意識や行動も元に戻っている。オーセンティックという言葉には、人間は変わらない、いやむしろ、状況に応じて変わるべきではない、どんな状況でも自分を貫くべきだという意味が込められていると考えられる。だがそれは、人間心理について判明していることと相容れないようだ。

しかも状況や役割がおよぼす影響は、意識や行動にとどまらない。人々の性格にも根深い影響を与える。「三つ子の魂百まで」とことわざにもあるように、性格は若いうちに形成され、その後は変わらないと考えられている。だがじつは、そうではない。社会学者のメルヴィン・コーンとカルミ・スクーラーは、職業や職務内容が性格におよぼす影響についてさまざまな調査を行った結果、性格は職業選択に影響をおよぼすが、いったんある職業を選んだら、今度は性格が職業や仕事から影響を受けることが確かめられた。[*21] 性格のように根本的なものまで職業から影響を受けるとなれば、真の自分などというものは意味をなさないことになる。要は環境に応じて自己は変わるということだ。

以上のように、本章ではオーセンティック・リーダーシップという概念を取り上げ、そうしたリーダーがじつはほとんど存在しないことを指摘した。環境や状況が意識、行動、性格に影響をおよぼすことを考えれば、つねに自分らしくあるということは心理学的に不可能である。また、リーダーは自分の感情や好き嫌いはどうあれ、その時々の状況に即した行動をとることが求められているのだから、つねに自分らしさを前面に押し出すリーダーシップは有効でもない。巷《ちまた》ではオーセンティック・リーダーシップ教育が大流行だが、これを真に受けると痛い目に遭う。

第4章

リーダーは真実を語るべきか？（そして語っているか？）

嘘をつかないというのは、初代大統領であるジョージ・ワシントンと結びつけられたじつにアメリカ的な徳である。斧をもらった六歳のジョージが桜の若木を切り倒してしまい、激怒した父に「ボクがやりました」と正直に告白したというエピソードはあまりに有名だ。

このエピソードがパーソン・ウィームズ（本名メイスン・ロック・ウィームズ）の創作だと知っている人はほとんどいない。ウィームズは出版業と作家を兼務していた人物で、自ら書いたワシントンの評伝の売り上げを伸ばすためにちょいと演出したらしい。正直と名誉というテーマは、ヒーローを求めていた一八〇〇年代初めのアメリカ人のニーズにぴったりだった。そしていまでもリーダーシップ教育産業では、リーダーの心得の基本中の基本とされている。[*1] だが皮肉なことに、アメリカ初代大統領が嘘をつかなかったという逸話は、それ自体が嘘である。[*2]

嘘をついてはならないという教えは、宗教の基本でもある。ほんの一例を挙げるなら、「隣人に関して偽証してはならない」、あるいは口語表現で「嘘をついてはならない」という戒めは、モーセの十戒の一つだ。旧約聖書にも新約聖書にも、嘘を非難し、嘘をついた者の破滅を予言する文章が多数登場する。エデンの園で蛇がイヴをだますという話（真偽のほどは甚だ疑わしいが）は、悪の究極の根源が偽りであることを示している。[*3]

こうした背景もあり、リーダーは正直で公明正大でなければならないとされている。[*4] その論理はもっともで、非の打ち所がないように見える。リーダーは嘘をついてはならない、なぜなら、リーダーが嘘をつけば、部下も上司も同僚もリーダーを信じられなくなる。そして信頼がリーダーシップの重要な要素であることは改めて言うまでもない（これについては次章でくわしく取り上げる）。

それにリーダーが嘘をついたら、リーダーを手本と仰ぐ部下も嘘をつくようになるだろう。職場で真実を語る人がほとんどいなくなったら、誰も正確な情報を受けとることはできなくなる。となれば、職場の現状も取引先との関係もどうなっているのかわからないし、過去の決定は正しかったのか誤りだったのかもわからない。これでは経験から学び、次の選択に活かすことはできない。

それにリーダーであれ誰であれ、嘘をつくのは罪である。その罪は自分に跳ね返ってくるのであり、権威は失われ、信頼は地に墜《お》ちることになる。数々の調査でも、「不誠実はモラル低下の最たるもの」だと多くの人が回答した。[*5]

だが現実には、嘘は信じられないほど多い。ありとあらゆる種類の組織で大勢のリーダーが嘘をついていると言っても、けっして誇張にはなるまい。尊敬され崇拝されるリーダーでも、である。論理的に考えて、ある種の行動が広く頻発する場合、その行動は罰せられていないはずだ。もし罰を受けているなら、そのような行動は減るにちがいない。嘘が減らない理由の一つは、嘘が悪い結果を招いていないからだろう。これから見ていくように、真実を語らなかったがためにかえってよい結果が生まれることもままある。

誠実で信頼できる組織を本気で作りたいなら、なぜこうも嘘が多いのか、しかもなぜ嘘が効果的なのか、まずは現実を理解する必要がある。

もちろん、真実を語るリーダーもいる

もちろん、真実を語る文化を育てようと固く決心し、それに成功したリーダーがいないわけではない。たとえば人工透析サービスのダヴィータのCEOケント・ティリがそうだ。ティリは「事実以外はいらない」と強調し、アメリカ各地で開く社員との対話集会では遠慮なく何でも質問するようにと促した。給料のことでも、悩みでも不安でも何でも、である。質問されて答を知らないときは、ティリも経営幹部も正直に「わからない」と答えた。問題の対処を誤ったときには、率直にそれを認めた。同社の公式の業績測定システムにおいても、重要な業績指標であるにもかかわらず現行システムでは測定できない場合には、「NA（測定不能）」の注記をつけて表示するという徹底ぶりである。こうしておけば、社員の誰かがそのデータの収集方法を考案してくれるのではないか、との期待からだった。

だが改めて言うまでもなく、大方の組織では、あるいは大方の状況では、率直や正直は「デフォルト設定」ではない。問題の一部は、組織の中で地位の高い相手に対しては、部下は「おっしゃるとおりです」と言いがちであることに起因する。権力者におもねるのは人間のつねである。リーダーの意見に対して部下が「すばらしいアイデアです」などと言うのはお世辞以外の何物でもない。

仮に部下にはお世辞を言うつもりはなくても、次のような心理が働く。一般に、出世をするのは仕事ができるから、あるいは能力が高いからだと考えられている。となれば、自分より上の地位にいる人はともかくも自分より賢いのであり、そういう人の行動や決定は無条件に「正しい」「すばらしい」と評価したくなる、というわけだ。要するに、権力イコール能力と見なされるようになる。

こうした背景から、真実を言う文化を育てるのはきわめて困難であり、不断の努力が要求される。リーダーは絶えず自分を戒め、苦渋の決断をしなければならない。こうした努力は辛い。それに真実を耳にするのは、往々にしてうれしくない。だからティリのようなリーダーはまことに稀有な存在と言える。

ゲイリー・ラブマンも、そうだ。彼はハラーズ・エンタテインメント（現在のシーザーズ）のCEOだったフィル・サートルに請われて同社のCOO（のちにCEOとなる）に就任したとき、真実を言う文化を浸透させようと決意し、誰もがまちがいをしたらそれを認めるような職場にしたいと考えた。そのときは真実だと信じていたが、あとになってみたらまちがいだったというのは嘘ではないが、そのとき真実ではないとわかっていることを言うのは嘘である、とラブマンは定義し、こうした嘘を厳に戒めた。

ビジネスの世界では嘘がまかり通っていることをラブマンはたびたび慨嘆《がいたん》している。たとえばベアー・スターンズのCEOは、会社が倒産する数日前に自社のバランスシートは健全だと公言し、倒産後も過失責任を否定した。[*6] リーマン・ブラザーズのCEOも大同小異である。JPモルガン・チェースは、ロンドン・オフィスのトレーダーが運用失敗で出した巨額の損失を隠した。[*7] さらに、二〇〇七年から始まった金融危機では、金融機関の二枚舌が横行した。

ラブマンはマサチューセッツ工科大学（MIT）で経済学の博士号を取得した後、ハーバード・ビジネススクールで教鞭をとっていたことがある。学問の世界では、真実を見つけ出すためであれば意見対立は容認されるし、むしろ奨励される。さらに、データを重んじる文化もある。結果をねじ曲げるのではなく、データに基づいて結果を導き出すことが重視される。また、データや結果の共有が励行される。ラブマンはこうした経歴からも、また彼自身の人格からも、嘘にはいっさい釈明は認められないと考えていた。もちろんラブマンにせよ、会社にせよ、訊ねられてもいないことまで誰彼なくすべてを話す必要はない。だが話すことはすべて真実でなければならない。

この姿勢を雄弁に物語るエピソードを一つ紹介しよう。ハラーズのある部門でマネジャーが懲戒免職処分を受け、自宅で自殺したのである。広報部門は、事故死という形で発表しようとした。しかしそれは事実ではないし、そのことが知れ渡っているだろう。ラブマンは、そのようなプレスリリースを出すことを認めなかった。単に死亡したと発表することは可能だし、会社として発表しなければならないということはないが、真実でないことを発表することは認めない、と述べたのである。この決断はあちこちから頑強に抵抗されたそうだ。結局のところ、この種の「婉曲表現」や小さな嘘は誰にでもどこにでも起きるし、それで誰かが困るわけでもない。だが真実を言う文化を実現する過程では、そうした小さなことの積み重ねが大事なのだとラブマンは語る。誤った方向への逸脱は、たとえわずかといえども容認するわけにはいかなかった。[*8]

厄介な問題に直面し、どう解決すればいいかわかっていないのに「大丈夫、解決できます」と安請け合いした部下のことも、ラブマンはきびしく叱責している。会社にはたくさんの部署があり大勢の人間が働いている。ラブマンからすれば、その最大のメリットは、知恵を共有し、うまくいかない部署を助けられることだ。だが助けを提供し、ベストプラクティスを社内に浸透させるためには、うまくいっていない部署のリーダーが、自分たちは経験不足あるいは知識不足であるとか、失敗を犯したと認めなければならない。

そうした好ましい習慣を定着させるために、ラブマンはマネジャー研修などで折に触れては、自分の失敗談を話す。スティーブ・ウィンからマカオの賭博場の営業権を買わないかと持ちかけられたのに、チャンスを逸してしまったとか、従業員の健康保険制度で大失敗をしたことなどだ。自分にはわからないとか、失敗をしてしまったとか、言いたくないことを誰もが認められるようになって初めて会社経営はうまくいく、というのがラブマンの信念である。そうなったときには、願望や希望的観測ではなく事実に基づいて決定を下せるようになるからだ。

だが、たいていのリーダーは嘘をつく

ラブマンやティリを始めとする正直で高潔なリーダーは、リーダーとしての優秀さだけでなく、その希少価値でも注目に値する。英雄的なリーダーとされる人物の多くに「嘘をつかない」という逸話が残されていることからも、真実を語ることがいかに稀な徳かがわかろうというものだ。

真実の追究が大前提とされる学問の世界でさえ、嘘はめずらしくない。ほんの一例を挙げるなら、リーダーシップ研究を専門とするフロリダ国際大学のフレッド・ワランブワ教授の五本の論文は、学問上の不正が疑われてリーダーシップ・クォータリー誌が撤回した。うち二本がオーセンティック・リーダーシップ研究、一本がリーダーの倫理に関する論文だというから、笑えない。*9

リーダーがたびたび嘘をつくのは、めったに罰せられないからである。なるほど、学歴などの経歴詐称でクビになったCEOやサッカーの監督はいる。だが多くの場合、とりわけ文句のつけようのない実績を挙げていたり、人々が信じたがっているような嘘だったりすれば、リーダーの地位が危うくなるような事態には、めったにならない。

たとえば二〇一一年に、アメリカ政府はあやうく機能停止に陥るところだった。民主党と共和党が歳出の優先順位で対立し、予算可決の見通しが立たなかったためだ。共和党のジョン・カイル上院議員は、オバマ政権の予算案にはプランド・ペアレントフッドに対する予算が含まれているとして激しく攻撃した。プランド・ペアレントフッドは人工妊娠中絶を含む女性向けの医療関連サービスを提供する非営利団体で、共和党にとっては唾棄すべき存在である。議会での演説で、カイルは同団体の活動の「ゆうに九〇％以上」は中絶に関するものだと断言した。だが複数の資料で裏付けられているとおり、中絶に充てられる予算は全体の三%に過ぎない。テレビを含む大手メディアから猛攻撃を喰ったカイル陣営は、あの議会演説は事実の表明を意図したものではない、とのコメントをぬけぬけと発表した。[*10]

言うまでもなく大方の人が、政治家はのべつ嘘をつき、恬《てん》として恥じないものだと考えているだろう。だがそれはおそらく、選挙運動中の公約などを指しているのではないだろうか。実際には政治家は、公約をあっさり裏切るのはもちろんのこと、政敵の記録の捏造にも手を染める。さらに、すでに立証された科学的事実さえ認めようとしない。

では、官僚はどうだろうか。ジェームズ・クラッパー国家情報長官は上院公聴会で、アメリカ市民を対象とした監視活動を行っているかと質問され、ノーと答えている。だがこれが事実でなかったことは、中央情報局と国家安全保障局の元職員エドワード・スノーデンの告発であきらかになったとおりだ。なにしろ外国政府の要人の通話内容やインターネット検索まで、監視していたのである。この事実が明るみに出ると、クラッパーは「あきらかに虚偽の」回答をしたことを議会に謝罪し、回答をした時点では他の目的に照らしてできるだけ真実を述べようとしたのだと釈明している。そして彼は何事もなく地位を維持した。[*11]

政治家や官僚より企業経営者のほうがましだと考える人が多いようだが、それはどうだろうか。タバコ産業の経営者たちを忘れるわけにはいくまい。彼らは、喫煙が健康を害するかどうかについて何も知らないと議会証言をしたが、後になって、タバコ会社はどこもこの方面の広範な調査を行っており、経営幹部も調査結果を重々承知していたことが判明している。金融業界の幹部も同罪だ。倒産直前まで経営状態は健全だとうそぶいていた連中が大勢いる。また、不良債権に対して十分に自己資本を積んでいると明言しながら、後になって大慌てで積み増しを迫られた銀行幹部も五十歩百歩と言えよう。自動車産業でも、設計に起因する死亡事故のデータを突きつけられてなお、自分たちの車は安全だと言い張った経営者がいた。[*12] 彼らは内部資料の存在を知りながら、批判者に圧力をかけたのである。いやはや、挙げていけばきりがない。新聞を読んでも、インターネットのニュースを検索しても、さまざまな組織のリーダーが毎日のように嘘をついていることがわかる。

金融、タバコ、自動車、さらには若くて活気に満ちたシリコンバレーのハイテク企業でさえ、例外ではない。たとえばオラクルの共同設立者にしてＣＥＯのラリー・エリソンを例にとろう。オラクルが属すソフトウェア産業では、製品の仕様や発売時期について真実を言わないことが習慣になっており、そのための特別な言葉まで定着している。それは、「ベイパーウェア」だ。これは、ちょうど霞《かすみ》（ベイパー）の中にあるように、開発が遅れに遅れていつ発売されるのか見通しの立たない製品を意味する。会社設立から間もない頃は、激しい競争の中でとにもかくにも顧客をつなぎ止めておくためには多少の誇張はやむを得ない、というのがエリソンの言い分だった。デイビッド・カプランは、『シリコンバレー・スピリッツ』(邦訳はソフトバンククリエイティブ刊)を執筆するにあたり、エリソンの同僚に彼の誇張癖について取材している。

顧客や社員から株主にいたるまで、すくなからぬ人が、事実をファジーに表現するエリソンの能力に驚嘆している……エリソンとは二五年来の付き合いがある共同設立者のエド・オーテスによれば、「たしかにラリーは嘘をついたけど、それよりも彼は時制に問題があったと言いたいね。たとえば、われわれの製品はもうすぐ発売されるとラリーが言ったら、それは数カ月以内に発売されるという意味のときもあるが、いつか開発したいとラリーが考えている、という意味のときもある」と言う。別の同僚に言わせると、ラリーの発言は「一過性の問題」だそうだ。「嘘ではなく真実の別バージョン」だとか……どうやら言い逃れも、見方を変えれば先見の明ということになるらしい。[*13]

ソフトウェア産業で嘘がまかり通る理由はもう一つある。競争相手が嘘をついているのに、こちらが馬鹿正直では太刀打ちできない、ということだ。相手が仕様や発売時期をごまかすなら、こっちもごまかすしかない。

同僚のウィリアム・F・ミラーは、世界最大級の研究機関SRIインターナショナルの元所長にしてスタンフォード大学の元副学長という輝かしい経歴の持ち主である。[*14] そのミラーは、長いキャリアの中でボーランド・ソフトウェアの非常勤会長を務めたことがある。私はいまでも、ある晩のことを思い出す。駐車場に向かって歩きながら、ボーランドの競争相手が嘘をついているとミラーは歎いた。例のベイパーウェア問題である。自分としては嘘はつきたくない。だが顧客は「もうすぐ発売する」と言う会社と契約するだろう。となればボーランドが生き残るためには、ライバルと同じことをするしかない。そのとき私はこう答えた。「その仕事を続けるなら、迷っていたらだめだ。君たちの仕事は説得力が勝負なんだから」。このように競争環境で生き延びるためには、その環境で支配的な習慣に従うほか選択肢がないことがままある。

アップルのあの卓越したリーダー、スティーブ・ジョブズにしても例外ではない。彼はＣＥＯに復帰したとたんにアップルを地上で最も価値のある企業に変えてみせたが、そのジョブズについて「現実歪曲空間」という言葉があるのをご存知だろうか。発明したのは同社の副社長バド・トリブルらしい。この言葉は、ジョブズがそのカリスマ的な魅力と説得力を発揮して、アップルやその製品に関して彼流の「真実」を作り上げることを意味している。

ちなみにジョブズの死後、情報公開請求に基づいてアメリカ連邦捜査局（ＦＢＩ）の調査報告書が公開された。大統領がジョブズを評議員に任命する際に行われた身元調査に関するもので、それによると「ジョブズ氏は目的を達成するために現実や真実を曲げる傾向があるとして、同氏の正直さに疑問を持つ者がいた」という（もっともそのことは障害とはならず、彼は無事評議員に任命されている）[*15]。

以上のように、リーダーは往々にして嘘をつく。それもふしぎではない。なにしろ子どもと大学生を対象に行われた調査によると、「いかにももっともらしい発言で人をだますことは、就学前の子どもと男子学生に広く見られるが、女子学生には見受けられない」というのだから[*16]。CEOに男が圧倒的に多いところをみると、嘘は出世に役立つらしい。しかもリーダーというものは、定義からして、大きな権力を持っている。そして「権力を持つ人間ほどひんぱんに、たやすく嘘をつく」ことは研究でも裏付けられているのである。

リーダーは自信を持って嘘をつくし、たとえ露見しても自信を持って釈明する。なぜなら「権力を持っていると、嘘や不誠実に伴うストレスは和らげられる……権力を持つとすべてが思いどおりになると錯覚し、その錯覚によって確信犯的にもっともらしい話をこしらえられるようになる……しかも大きな権力を持つと、社会的な規範を無視するようになり、そうした規範は自分には当てはまらないと考えるようになりがち」だからである[*17]。つまり、権力を持った人間ほど嘘が通りやすくなる。となれば、嘘をつきたくもなろうというものだ。

リーダー以外の人も嘘をついている

いやいや、リーダーだけを責めては気の毒だ。セールス・アンド・マーケティング・マネジメント誌が三一六人の営業担当エグゼクティブを対象に行った調査によると、「セールス・マネジャーの四五％は、自分の部下が納期について嘘の約束をするのを聞いたことがあった。マネジャーの二〇％は、部下がサービス内容について虚偽の情報を提供したのを知っており、七八％は、ライバル会社が製品やサービスに関して嘘をついているのを聞いたことがある」という。この調査では、営業担当者が顧客につくさまざまな嘘の実例が報告されているが、とくに甚だしいのはインターネット経由の場合である。[＊18]

しかも、こうした売り込みのための「多少のお化粧」では済まされないような嘘も多々見受けられる。たとえば、履歴書に嘘を書くのは何もエグゼクティブだけではない。持っていない資格を持っていると書くとか、自分の実績や担当業務を誇張するといったことは、ふつうの人が平気でやっているようだ。家電販売のラジオシャックでＣＥＯを務めたデビッド・エドモンドソンは、二つの大学で学位をとったことになっていたが、実際には一つもとっていないことが露見して更迭された。[＊19] 人事関連サービスのＡＤＰスクリーニング＆セレクション・サービスは、経歴チェックを行った二六〇万件のうち、四四％が職歴について、四一％が学歴について、二三％が免許や資格について詐称していたと発表している。[20]

人材サーチ会社ハイドリック＆ストラグルズのシニア・エグゼクティブによると、経歴詐称があまりひんぱんに行われるので、いまでは候補者の履歴書に書かれていることはすべて必ずチェックすることにしたそうだ。学位や職歴など調べればすぐわかることも、ごまかしが多いという。これだけでも驚くべきことだが、このエグゼクティブがそんなことは日常茶飯事でいちいち腹を立てるにはおよばない、といった調子で話すことにはもっと驚いた。不正確な記述が発見されれば、履歴書は訂正される。だが経歴詐称をしたというだけでは、候補者が外されることはない。嘘をついた候補者を排除していたら、有望な人材がほとんどいなくなってしまうからだという。

交渉でも嘘が横行する。報酬の交渉で、ＯＫしてもよい最低額を馬鹿正直に言う人はまずいないし、払う側にしても、払える最高額を馬鹿正直に言う人はいない。それ以外のことについても、似たり寄ったりである。実験経済学のある調査によれば、多くの人が自分の能力や実績を実際より（かなり）膨らませて話し、それによって多少なりとも報酬引き上げを勝ちとっているという。[21]

交渉では、自分の感情をごまかす人も多い。戦略的に怒ってみせたり、落胆してみせたり、驚いてみせたりするわけだ。法律関係を中心に多くの社会科学の分野では、交渉プロセスで策略を用いることの倫理性を論じた文献が多数存在する。また、嘘の有効性と結果を検討した論文もある。[*22]

そうした研究が多数存在すること自体、いかに嘘が多いかの証拠にほかならない。とすれば、「真実はきわめて貴重なものであるから、慎重に使わなければならない」と揶揄《やゆ》したマーク・トウェインはまことに正しかったと言わねばなるまい。あのニッコロ・マキアヴェリは詐術を是認して、こう皮肉った。「どうせなるなら偉大な嘘つきになることだ……だまされたがっている人は大勢いるのだから」[*23]。

私たちは毎日のように嘘をついているのであって、そのことは調査によっても裏付けられている。アメリカで一〇〇〇人をランダム抽出したある調査では、二四時間以内に一回以上嘘をついたと回答した人が四〇・一％に達した。[*24] 社会科学のある論文は、次のように指摘する。

大方の人は、驚くべき頻度で嘘をついている。二〇一一年に行われたある調査によると、アメリカ人は平均して一日に一・六五回嘘をつくという。これは何もアメリカ人だけではない。二四カ国を対象に最近行われた調査では、どの国の人もひんぱんに嘘をつくことがわかった……メールの一〇本に一本には嘘が見つかる。出会い系サイトにいたっては、掲載されているプロフィールの八一％が嘘か誇張である。[*25]

社会心理学者たちは、嘘はどれくらいひんぱんにつかれているのか、嘘をついた人はそのことを気に病んだり良心の呵責《かしゃく》を感じたりしているのか、という興味深い調査も行っている。嘘をつくことが社会規範に反する行為であって、倫理に悖ると考えられているなら、嘘をついた人は気が咎《とが》めるはずである。調査の結果、大学生は平均して一日に二回、一般の人は一日に一回嘘をつくことがわかった。そして「日常的な嘘の多くは、緊張や対立を回避するためにやむを得なかったとか、怒りや反感を買わないために必要だったと弁解される」という。これは、他の調査結果とも一致する。[*26]

たしかに嘘はときに、緊迫した状況を和らげ、人間関係を円滑にする潤滑油の役割を果たす。たとえば、まったくそう思っていなくても、相手の容姿や服装を褒めるのはよくあることだ。相手の意見に全然賛成できないのにうやむやにごまかすのも、めずらしいことではあるまい。社会的な関係性において、嘘は自分を感じよく見せる演出の一部であり、人付き合いをスムーズにする方便でもある。だから「たいていの人は嘘をついたことをあまり認識していないか、重大なこととは考えていない」[*27]。

人々がのべつ嘘をつくのは、それが目先の利益あるいは将来的な利得をもたらすからである。「自分を演出し人を眩惑する能力は人間関係においてきわめて重要であり、巧みに嘘をつく能力は仕事で成功するうえで欠かせない」と指摘する専門家もいるほどだ。[*28] 要するに、出世に嘘はつきものだというのである。権力と嘘は持ちつ持たれつの関係にある。権力を持つ人ほど嘘が容易になるし、巧みに嘘で切り抜ける人ほど権力を持つようになる。

ある実験研究によると、嘘をついている人はことさら堂々と自信たっぷりにふるまい、命令的に話すことがわかった。[*29] そのような態度は、その人を一段と強く支配的に見せる。嘘に伴う高圧的・支配的な態度がその人に対する信頼や服従を強め、目的達成を後押しするというわけだ。「説得力のある嘘つきほど支配力を持つ」のであり、「嘘をつくという行為自体がその人に力を与える」という。これでは嘘をつく人が後を絶たないのも無理はない。

嘘が横行する理由は、もう一つある。大方の人は嘘を見抜けると考えているが、実際にはそうではないことだ。ある調査によると、嘘を見分けられる確率はせいぜい半々だったという。[*30] さまざまな調査を比較しても、最もよい結果で五四％にすぎない。[*31]

ふつうの人の嘘でさえあまりばれないとなれば、リーダーの嘘が見抜かれる可能性はもっと低いにちがいない。持っている権力が大きいほど、行動に対する歯止めは小さくなる。それにたいていの人は、世界はまずまず公正にできていて、すぐれた人ほど上へ行くと考えているのだから（これを「公正世界仮説」と呼ぶ）、リーダーの発言の真偽を確かめようともしないだろう。こうした次第で、誰もが嘘をつく。そしてリーダーはふつうの人よりひんぱんに嘘をつき、ばれる心配がすくないのである。

嘘をついて損することは、めったにない

リーダーが嘘をつくのは、嘘のもたらすメリットが大きいうえに、デメリットはごく小さいからである。嘘がほとんど罰を受けないのに対し、嘘を告発する勇気を持ち合わせた人は手ひどい罰を受けることがすくなくない。

ある研究によれば、不正の発見にも公表にも、同僚つまりインサイダーが重要な役割を果たす。[*32] ところが別の研究によれば、「会社の不正行為を告発した社員は出世の見込みを断たれる。だから、内部告発をしようとしない社員が多いのもふしぎではない」という。[*33] 政府から民間企業にいたるまで、内部告発者は鼻つまみ者となり、多くは会社を去ることになるが、次の職を見つけるのも苦労する。「グループのメンバーを選ぶ場合、内部告発をした人は避けられる」からだ。[*34] この論文のタイトル「密告者は嫌われる」がすべてを物語っていると言えよう。考えてみれば私たちは子どものときから、ママや先生に言いつける子が大嫌いだ。そういう子は仲間はずれにされる。

多くの事例を見ればわかるように、財務諸表や有価証券報告書の類いで虚偽の報告をした場合でさえ、首謀者が恒久的に名誉を失墜するとか、社会的地位を失うといったことは稀である。ニューヨーク・タイムズ紙のコラムニスト、フロイド・ノリスが書いているように、ドイツの裁判所はときに嘘は必要だと述べたし、アメリカでは最高裁判所が「投資家が企業の嘘で損害を被った場合に、全額の回収は不可能にする」ことを検討中であるらしい。[*35]

企業が売上高を水増しするのはよくある話である。オラクルもその一つだ。一九九〇年八月二七日に、同社は五連続四半期にわたり虚偽の財務報告をしたと認めた。ところがそのほとぼりもさめやらぬ頃に、さらに虚偽の申告があったと認めたのである。当然ながら同社は証券取引委員会（ＳＥＣ）の取り調べを受け、罰金を科された。しかし、それ以上の深刻な事態は、会社にもＣＥＯのラリー・エリソンにも起きていない。ニューヨーク・タイムズ紙には「同社の株価は再び急上昇中だ。どうやらオラクルの忠実な顧客は、会計報告のやり過ぎもすでに過ぎたこととして容認するつもりらしい」と報道されている。[*36]

実際、売上高や利益を膨らませたり先送りしたり、といったことはサーベンス・オクスリー法制定後でさえひんぱんに起きている。ある調査によれば、二〇〇六年一年間だけでも二〇〇〇件以上の財務報告が修正再提出処分となった。[*37] こうした背景から、グローバル金融危機後にはコーポレート・ガバナンスが厳格化され、ＣＥＯと最高財務責任者（ＣＦＯ）には財務諸表の正確性を個人として保証し署名することが義務づけられている。だがこの措置によって不正報告が減ったかどうかは大いに疑わしい。

私はパロアルトで半導体産業のエグゼクティブたちとの夕食会に出席したことがある。そこで聞いた話によると、売上高を膨らませる方法として、たとえば六月三〇日が決算の締め切り日だとしても、その日に帳簿を締めず、その後に発生した売り上げも繰り入れてしまうのだという。ある大手企業のＣＥＯによると、こうしたやり方はごく一般的であるらしい。しかも半導体産業に限らないという。「引き延ばしを繰り返していたら、そのうちつじつま合わせのためにどこかで四半期を一回キャンセルしなければならないぞ」と誰かがジョークを飛ばしたほどだ。この「商習慣」に驚いて異議を唱えると、その場に居合わせたみなが、物知らずの田舎者を憐れむような目つきで私を見たのだった。

嘘が罰されないとなれば、嘘はますます増える。こうして嘘があたりまえになると、それは通常の行動パターンとして、ある種の規範と化す。こうなってしまえば、嘘が罰されることはもうない。罰するとなったら、全員を罰しなければならないからだ。

だからといって、嘘はよいことだとか、嘘を奨励すべきだと言うつもりはさらさらない。嘘があたりまえになるのはもっともだとか、嘘を容認すべきだとも考えていない。ただ言いたいのは、リーダーは（そしてリーダーでない人も）ひんぱんに嘘をつくし、それで重大な罰を受けはしないのが事実だということだ。よって、真実を語るのが立派なリーダーであって偉大なリーダーは嘘をつかないといった建前を言うよりも、この事実を理解することが重要だと私は考える。

むしろ、嘘はよい結果をもたらす？

嘘が横行し、かつあまり罰せられない（ときには全然罰せられない）となれば、では嘘はなぜ役に立つのか、どのような効果があるのか、一般に思われている以上に容認されているのはなぜかを問うのが順序というものだろう。第一に、嘘には人間関係を円滑にし、気まずい場面を乗り切る効果がある。すくなくとも巧みな嘘は、その目的を十分に果たせるようである。

第二に、多くの人は、自分の嘘はよき意図からだと考えている。しかもある興味深い調査によると、大方の人は他人の嘘を手ひどく非難する一方で、自分の嘘には寛容だという。たとえば、こうだ。

嘘をつくときの人間は、ひどく現実的である。彼らは、必要だと考えたらやすやすと嘘をつく……たとえば自分の印象を効果的に演出するために嘘をつく……誇張したり、都合の悪いことは控えめに言ったり、隠したりする……一部しか真実でないことを平気で語ったり、真実を適当に編集したりし、それを社会生活にとって必要だとみなす……この種の嘘をついても、たいていの人はほとんど罪悪感や不安や恥は感じない……そうした嘘は容易に正当化される。[*38]

人事コンサルティングのタレント・ストラテジー・グループは、二〇一四年初めに二〇〇社以上を対象に人材マネジメントについて調査を行った。その結果、「企業の七三%が、昇進の可能性について社員に嘘をつくのは正しい選択だと考えていることが判明した」と社長のマーク・エフロンは話す。[*39]階層組織では、昇進の機会は候補者の数に比して期待するほど多くはない。ほんとうのことを話せば社員はやる気をなくすだろうし、転職に活路を求める社員が増えるだろう。仕事のできる社員に見切りをつけて辞められてしまっては困るというわけで、会社側は昇進・昇格の可能性を意図的にバラ色に脚色するというのである。そうすれば、すくなくともしばらくの間は、社員との関係を良好に維持できるはずだ。それどころか、この良好な関係はかなり長続きすると期待できる。というのも、大方の人は自分のこと

を平均以上だと信じているし、だいたいにおいて自分に都合のよい希望的観測をするからだ。
第三に、人間は嘘をついて他人をだますと、感情が昂《たかぶ》り、高揚感を味わうという効果がある。専門家はこの現象をランナーズ・ハイならぬ「チーターズ・ハイ」と呼ぶ。一連の実験の結果、嘘をついた人が高揚感や幸福感を覚えるのは、金銭的報奨を得られるからでもなければ、能力を証明できるからでもないことがわかった。「多くの人は、嘘をつけばいやな気持ちになると想像するが、実際にはそうではない。嘘をまんまとつき通すことで得られる快感に浸る」のだという。[*40]
さらに第四に、確信を持って繰り返し嘘をついているうちに、嘘は真実になる。しかもそのことが往々にしてよい結果をもたらす。大勢の人が言うことは、それが真実であってもなくても、社会的に真実として通用するようになるのである。
社会心理や組織心理においてとくに注目に値するのは、「自己実現的な予言」である。[*41]あることをほんとうだと信じたら、それはほんとうになるということだ。社会心理学者のロバート・K・マートンは「自己実現的な予言とは、最初は状況の誤った解釈であったものが新たな行動を誘発し、その結果としてもともとは誤りだった解釈が正しいものとなることを指す」と定義している。[*42]
自己実現的な予言の実例は意外に多い。たとえば銀行の取り付け騒ぎはその代表例と言えよう。大勢の預金者があの銀行は危ないと考えると、みなが我先に預金を引き出そうとするので、ほんとうにその銀行は倒産してしまう。アナリストによる株価予想もそうだ。みながこの株は上がると信じて顧客に奨めれば、実際に株価は上がる。

リーダーが部下の行動や業績にかける期待も、自己実現的な予言の一つと言えるだろう。ある研究によれば、大きな期待をかけられている人は、その期待に応えるべく能力を発揮するのに対し、さして期待されていない人は冴えない結果に終わりがちだという。[*43] リーダーの言葉は部下にとって重みがあるので、なおのことその効果は大きいと言えよう。

自己実現的な予言は、消費行動にも見受けられる。人々は人気が出そうだとか流行しそうだと思うものに殺到し、長蛇の列を作る結果として、その商品はほんとうに大流行になる。新製品発売日のアップル・ストアの行列は、その最たるものと言えよう。さらに、ある商品が欲しがられるかどうかは、かなりの程度その持続性に左右される。持続的に売れそうなものであれば、他人がおまけ（コンピュータであればソフトウェア、スマートフォンならアプリのように）を開発して一段と魅力的にしてくれる。そもそもすぐに売れなくなるような商品は誰も欲しがらない。転売価値にも響くし、そんなものを持っているのは格好が悪い。

というわけで、その会社の将来性を消費者に信じてもらうことがＣＥＯの重要な仕事になる。そして多くの人に信じてもらえれば、将来の成功が保証されるのである。ますます大勢の人がアプリを開発してくれるようになるし、この会社の製品なら将来も大丈夫と信じて大勢の消費者が買うようになる。

この仕事をスティーブ・ジョブズほどうまくやってのけたリーダーはいない。一九八〇年代前半に当時のアップル・コンピュータは、存続が危うくなるような事態に直面していた。Apple II の成功を目の当たりにしたＩＢＭがパーソナル・コンピュータへの参入を決意したのである。大方の見るところ、アップルの敗退は時間の問題だった。しかもアップルの次の製品 Lisa の評判は芳しくない。こうした状況で、アップルは一九八四年に初代 Macintosh を発表する運びとなった。この製品はヒットすると消費者に信じさせ、買ってもらわなければならないし、この製品は長く売れ続けるとソフトウェア開発会社に信じさせ、Ｍａｃ上で作動するソフトウェアをどんどん開発してもらわなければならない。そうなって初めてコンピュータは有用になり、長く売れ続けることが保証される。

初代 Macintosh の発表は、一九八四年一月二二日、アメリカン・フットボールの頂点を競うスーパーボウルのテレビ中継中に、伝説的な「１９８４」のＣＭによって全米に予告された。その二日後に、株主総会の満員の聴衆の前で華々しくその姿を現す。専門家も消費者もその魅力の虜になり、Macintosh は大成功を収めた。ジョブズはあのたぐいまれな能力によって、アップルこそが世界でいちばんクールな会社であり、アップル製品は最もシンプルで美しいのだと、数十年にわたり世界中の人々に信じさせてきたのである。

困難な経済状況の中で会社が存続できるかどうかも、リーダーの能力に拠るところが大きい。自分の会社はつぶれそうだと考えたら、社員は出ていくだろう。それも、転職先を容易に見つけられるような優秀な社員がまず出ていってしまう。そして優秀な人材が枯渇したら、会社の存続可能性はほんとうに危うくなる。そこで、ウチの会社は大丈夫だと社員に信じさせることが、リーダーの重要な仕事になるわけだ。成功を信じれば、みながんばって努力するので、ほんとうに成功する。

成功ややりがいを約束して優秀な人材を引き抜くのも、リーダーの手腕の見せ所である。スティーブ・ジョブズはこの点でも超一流だった。「君の時間はアップルで使うのが最も建設的だ」と信じさせたのである。ペプシコーラの事業担当社長をしていたジョン・スカリーを口説くにあたり「色付き水を売り続けるのと世界を変えるのとどちらを選ぶのか」と迫ったというエピソードはあまりに有名だ。しかもこれはほんの一例に過ぎない。ジョブズはイェール大学経営大学院の学長を務めていたジョエル・ポドルニーを引き抜いたときは、アップルに来れば大学経営よりずっとおもしろい経験ができる、と誘った。実際、ポドルニーはアップル大学の構想と運営を任されている(現在では人事全般を担当している)。

リーダーは、消費者には自社製品を買う気にさせ、投資家には自社に出資する気にさせ、有能な人材にはこの会社で働きたいと思わせ、サプライヤーにはこの会社と取引したいと思わせなければならない。創業間もない企業であれば、二番目と三番目はとりわけ重要だ。そのためには自社のリソースを魅力的に見せ、潜在性を多少誇大に見せなければならない。よって、現実を多少、いや、かなり膨らませて表現する能力は、リーダーに必須となる。

またリーダー自身は、より大きい企業、より成功しそうな企業、より高い地位に自分を売り込みたいとつねに考えているだろう。たとえ業績が芳しくなかろうと、行状がいかがわしかろうと、自分こそが御社の求めている人間だと信じさせようとする。そこでモノを言うのは自信である。第2章でも見てきたように、自信を示すことはキャリアアップにおいてきわめて重要だ。もし自信がなく、自分に能力はないと思っているなら、リーダーとしてやっていくためには本心を偽る必要がある。自分にはできると確信を持って自己演出しなければならない。すると周囲は信じてついてくるし、何かともり立ててくれるので、ほんとうにできるようになるものだ。

その端的な例が、フランク・アバグネイルである。レオナルド・ディカプリオ主演で大ヒットした映画『キャッチ・ミー・イフ・ユー・キャン』のモデルとなった稀代の詐欺師と言えば、読者もよくご存知だろう。航空機パイロット、医師、連邦刑務局職員、弁護士などの身分詐称で知られ、周囲はやすやすとだまされたという。彼が主に手を染めた小切手詐欺に関しては、あまりに巧妙なので「ついにFBIが小切手偽造犯をつかまえるために彼の手を借りるようになった」ほどだった。[*44]

以上のように、口にした時点ではほんとうではなくても、繰り返し語り、堂々と演じることによって、やがてはほんとうになる例がすくなくない。では、そうした自己実現的な力が働くなら嘘をついてもいいのか。それは当人の倫理観次第であるし、また状況判断にもよるだろう。ここで言えるのは、ときに嘘は、信じられるというまさにそのことによって真実になり、それによって組織やリーダーによい結果をもたらす場合がある、ということだけである。

一つだけ付け加えるなら、真実を伏せることによって、人々が正確な事実や意図を知ったなら起きたかもしれない反対を未然に防ぎ、所期の目的を果たせる場合もある。たとえばジョン・F・ケネディは、キューバ侵攻の計画はないとアメリカ国民に請け合った。が、実際には政権内部でピッグス湾侵攻作戦を計画していた。また一九四〇年にフランクリン・ルーズベルトは、ヨーロッパ戦線にアメリカ軍を派遣するつもりはないと断言した。

アメリカ大統領の中で、嘘をついて偉大な功績を挙げた代表例は、エイブラハム・リンカーンだろう。マールボロ大学の政治学教授メグ・モットは、巧みな嘘で国家に好ましい結果をもたらした大統領としてリンカーンを評価している。ジャーナリストのジョン・ブレークは「もちろん大統領も嘘をつく」という記事に次のように書いた。

リンカーンは、戦争終結のために南部と秘密交渉を行ったかどうかについて嘘をついた……奴隷制が維持される地域についても嘘をついていた。モットによれば、リンカーンは奴隷の政治的平等が可能だとは思わないと支持者に語った。当時の世論を踏まえ、あまり先走りすぎるのはよくない、というのが大統領の考えだった。[*45]

ときに私たちは、嘘を聞きたがりさえする

シェロン・ワトキンスは、エンロンの経営企画担当副社長だったとき、特別目的会社の経理に不安を覚え、ＣＥＯのケネス・レイに打ち明けた。特別目的会社は、投資家の目を眩《くら》ませ、利益を膨らませてエンロンの株価を押し上げる目的で、次々に設立されていたのである。その報いとして、ワトキンスはＣＦＯのアンディ・ファストウからあやうく解雇されるところだった。

こうした例はめずらしくない。金か真実かどちらかを選ぶとなったら、金を選ぶ人はすぐなくないのである。そしてエンロンの場合には、一〇年以上にわたる大規模な会計不正により巨額の利益を上げるほうを選んだ。[*46] ガチョウが産んだのはじつは金の卵ではなかった、などということは誰も聞きたくない。そこで誰もが意識的あるいは無意識のうちに耳を塞《ふさ》ぎ、目をつぶり、嘘とごまかしを見過ごしてきた。

嘘には、つく側とつかれる側がある。そして両者の間には相互作用がある。一方の側が嘘をつくのではあるが、もう一方の側は、自分は聞きたがっている、信じたがっているとサインを送っている。言ってみれば嘘に加担しているのである。稀代の詐欺師バーナード・マドフは、高利回りを謳い文句に大勢の投資家から資金を集めた。なかには、あまりに話がうますぎると疑った人もいたが、くわしく調べようとせず、希望的観測のほうに賭けてしまった。部下から過度に楽観的な売り上げ予想を提出されたCEOは、それが実現することを願うあまり、緻密に分析しようとしない。こんな具合に、人間はあの手この手で自分をだます。リーダーシップ教育産業はまさにそれで成り立っている。人々は本やセミナーや講演で語られる理想のリーダー像を信じ込み、疑いもしないどころか、そういう話が聞きたいのだというサインを送り続ける。こうして多くの人がリーダーシップをめぐる虚構に加担する。リーダーシップ神話が次々に供給されるのはこうした理由からである。

人々は、もう一つのやり方でも嘘に加担している。というのも、嘘をつかれた側には、対応に選択肢があるからだ。一つは嘘を暴き、罰するという選択肢である。もう一つは、嘘を敢えて暴かず、容認し、取引を続け、罰も与えないという選択肢である。嘘をつく側とつかれる側とが阿吽《あうん》の呼吸で取引し、双方に何らかの利益があるとなったら、嘘が打ち止めになると期待するほうがおかしいだろう。嘘が続く理由の一つはここにあり、しまいには両者の間では、嘘は何の問題にもならなくなる。

嘘をついたリーダーに対する個人の反応は、広く世間の反応にも見受けられる。「モラルに反する行為をした有名人を支持するときの理由付け」を調査した画期的な研究は、とりわけ興味深い。[*47] この研究によると、人々は二通りのプロセスを経て道徳的に好ましからぬ人物を支持するという。

一つは、「モラルの正当化」である。これは、「倫理に反する行為をさほど悪くないといいように解釈し、そうした行為を犯した人間を擁護する」傾向のことだ。[*48] 財務報告を多少ごまかしたって、みんなやっているからいいじゃないかとか、まだ開発見通しの立っていないソフトウェアの発売日を予告したって、実際に誰も困るわけじゃない、という具合である。

もう一つは、「モラルの切り離し」である。これは、「モラルに関する判断と能力や実績に関する判断を切り離して考える」心理的傾向を意味する。[*49] タイガー・ウッズは複数の女性と関係したかもしれないが、ゴルフの腕は一流だとか、ビル・クリントンはモニカ・ルインスキーといちゃついたとしても、外交と経済では信頼できるから問題ない、と考えるわけである。

この研究結果は、本章で繰り返し指摘した、モラルとりわけ嘘に対する人間性の複雑さを浮き彫りにしたと言えよう。こうした複雑さが、モラルに反する文化を長らえさせてきた。嘘をつかれた側に、嘘を正当化したり切り離して考えたりする動機があるとなれば、これからも嘘は見逃されるにちがいない。嘘が罰されず、しかも堂々と言い続ければ嘘が真実になるというのであれば、リーダーであろうとなかろうと、嘘をつきたくなるのは当然と言えよう。

本書のちょうど半分まで来たこともあり、本章のテーマと関連づけながら、このあたりで本書の目的を再確認しておきたい。多くの人が、欺瞞だとか、戦略的虚偽とか、嘘とか、どう呼ぼうとかまわないが、ともかくもそうした不正行為にたじろぎ、嫌悪感を示す。しかし、自分自身のそうした行為に対しては、他人に対するほどには厳格ではない。たいていの人は嘘をついてはいけないと教えられ、自分は誠実で高潔な人間だと思いたがっている。だから自分の不正にはもっともらしい理由をつけて正当化する。また、人間は、とりわけリーダーは、こうある「べき」と規範的に考える。

だが嘘について、また他の章で取り上げるリーダーシップの資質について、さまざまなデータや社会科学の知見を無視し、現実を理想化していたら、あるがままの世界を理解することはできない。世界を変えたければ、まず世界を知らなければならない。みんながあたりまえのようにやっている行動に警告を発するには、なぜそうした行動があたりまえになってしまったのか、その心理を理解することが必要だ。その理解に基づいて社会のシステムや人間関係の再設計に取り組むなら、きっとよい変化をもたらせるだろう。

嘘が横行する現実を無視し、嘘が権力と結びついたり、好結果をもたらしたりすることがあるという事実を見ないふりをして、ひたすら嘘はいけないと言っても、効果はあるまい。現実を無視し、現実認識を誤ったまま努力しても、見当違いの方向へ行くか、無駄に終わるだけである。

第5章

信頼

上司を信じてよいものか

かつての教え子で、起業家として上昇機運に乗っていたはずの男（ハロルドと呼ぶことにしよう）が途方に暮れた様子で私のオフィスに座っている。ハロルドは環境にやさしい灌漑《かんがい》技術のベンチャー企業を設立し、シリコンバレーの著名なベンチャー・キャピタルから支援を受けていた。もちろんＣＥＯはハロルドだ。その彼が、社外の弁護士から「別離契約書」（雇用関係の終了を取り決める契約書）を渡されたというのである。

その弁護士に指図を与えているのは、ハロルドのメンターを務めていた同じ大学の先輩の女性（エレンと呼ぶことにする）だという。エレンはきわめて有能で、ハロルドに助言と支援を提供し、会社を育てるのを手伝ってくれたことから、ハロルドは彼女を自分の会社の役員に登用した。そしていま、「もうあなたはいらない」と彼女から最後通告を受けたというわけだ。

私たちは対策を協議したが、できることは限られていた。

「何の徴候もなかったのか？」と私は質問した。「ありました、もちろん」とハロルド。数カ月前からたくさんの徴候があったという。「なのに、どうして手を打たなかったんだ？」と私は呆れて聞き返した。ハロルドは、だって彼女を信頼していたから、と言い訳する。あんなにボクを助けてくれたし、ボクの利益を守ってくれたし……。だがそれが完全な勘違いだったことは、いまとなってはあきらかだ。

「それに、彼女は以前シリコンバレーの有名企業で成功して、すごくリッチなんです。こんなちっぽけなベンチャーを乗っ取ろうとするなんて、考えてもみなかった」

私は心の中で呟いた。ニシキヘビの檻の中にニワトリを入れたら、何が起きるかわかっているだろうに。ニワトリが痩せていようが太っていようが、放し飼いだろうがブロイラーだろうが、ニシキヘビはそいつを丸呑みにするに決まっている。エレンがいくらリッチですでに成功していようと、これまでやってきたことを必ずやるにちがいない。彼女は長年かけて多くを学び、それがいまの地位を支えている。だからほとんど反射的に行動する。もちろん、人間関係を自分の有利になるように利用することも。彼女はけっしてハロルドに恨みがあるわけではない、ハロルドを狙い撃ちしたわけではない。単にいつものことをいつもどおりにしただけだ。

ハロルドは優秀な学生だったが、どうやら私の講義を十分に学んでいなかったらしい（彼は結局、自分が設立した会社を先輩から追い払われる羽目に陥った）。だが今度のことで、骨身に沁みて学んだことだろう。彼は信用しすぎた。それも、まちがった人間を信用しすぎたのである。

信頼はリーダーシップの基本だとよくいわれる。事業を成功に導くためには、大勢の人間が互いに協力し合わなければならない。そういう組織に信頼関係がなかったら、どうして成功できるだろう。協調的な行動を生み出すには、金銭的なインセンティブや契約関係などよりも信頼が最も有効で、最も安上がりだ。いくら契約で人を縛ろうとしても、将来起こりうる偶発事まですべて規定するのはむずかしい。これは、ノーベル賞を受賞した経済学者のオリバー・ウィリアムソンが数十年前にすでに指摘したことである。[*1]

信頼は、多くの社会的な関係で接着剤の役割を果たす。そして企業組織は社会的な関係にほかならない。実験経済学における研究が一貫して示すように、人間関係を利用さらには悪用する人は、やがて相手にされなくなるというように必ず罰を受ける。[*2] 誰も見ていないときでも誠実にふるまい、信頼に値する人物であることは、誰に対しても期待される。リーダーであればなおさらだ。

もちろん私個人としても信頼を重んじている。信頼される人間でありたいし、誠実に行動したい。社会科学の文献にも、信頼されるリーダーの下では社員が互いを信頼する職場が形成され、よりよい成果を上げると書かれている。[*3] 実際、「働きがいのある会社」の調査機関が測定する指標の一つは職場における信頼関係であり、これに基づいてランキングを決定している。数十年にわたるデータを見ると、職場に強い信頼関係が形成されている企業ほど、株式市場での評価も高いことがわかる。

だが私は、こと企業に関する限り、信頼が成功に欠かせないとか、リーダーシップに不可欠だとはもう考えていない。なぜならさまざまなデータは、企業における信頼の欠如を如実に示しているからだ。それでも会社は回っているし、リーダーも同様だ。信頼に値しないリーダーが制裁を受ける例はきわめて少ないのである。

リーダーに信頼はいらない、そして私たちはだまされやすい

リーダーシップの専門家が口をそろえて、社会的・経済的組織では信頼が基本だと述べているにもかかわらず、現代のリーダーが信頼を獲得しているとは言いがたい。いくつかデータを挙げておこう。二〇一三年に、エデルマン・トラスト・バロメーターが世界各地で行った調査によると、政府や企業のリーダーが重大な問題に関して真実を述べていると考えている人は、回答者の五人に一人以下だった。[*4] また二〇一四年のＣＥＯの信頼度指数は、世界平均で五〇％を下回った。

顧客や社員に関する調査を専門とするマリッツは、二〇一一年に、自社の経営者が誠実だと考えているアメリカ人は一四％にすぎないと報告した。また、困難に直面したときに自社の経営陣が正しい判断を下すと信頼している人は、一〇％にとどまった。さらに、経営陣が公約どおり行動していると考える社員は、たった七％だったという。[*5] データ発掘技術を駆使して行われたオンライン調査でも、ほぼ同じような傾向が確認されている。要するにリーダーに対する信頼感は全般的に乏しく、しかもグローバル金融危機からの回復期を除き、どちらかといえば下降傾向にある。それでも多くの企業が存続し、利益を上げているところをみると、信頼が組織にとって必須条件だという主張は成り立たない。

同僚のロデリック・クラマーは、長年にわたり研究テーマの一つとして信頼を取り上げてきた。そしてある論文の中で重要な指摘をしている。第一に、原始時代には人類が生き延びるために信頼が欠かせなかった。こうして信頼の大切さが刷り込まれたため、人間はあまりに人を信じやすい性質を備えている。しかも信じるに値しない人を信じてしまう。第二に、自分に似ている人、たとえば同じ学校の出身者、同郷の人などを信じやすい。この点は、エデルマンの調査でも裏付けられている。第三に、これが最も重要だが、誰が自分を利用しているかを見抜く能力が驚くほど乏しい。クラマーはその典型例として、バーニー・マドフを挙げる。マドフのポンジ・スキームに聡明とおぼしき人まで大勢がやすやすとだまされ、総額六五〇億ドルを巻き上げられた。このほかにも、過去数十年の間には、自動車の安全性に関する虚偽の申告（この中にはガソリンタンクが爆発したフォードのピント、ラルフ・ネーダーに危険性を指摘されたシボレー・コルヴェアなどが含まれる）から、野放図にデリバティブ投資を行った結果破綻した保険のＡＩＧグループにいたるまで、世間を欺いた企業は掃いて捨てるほどある。

クラマーは、信頼できない人間をなぜ見きわめられないのか、その理由も詳細に分析している。その一つは、人間には自分が見たいものだけを見、聞きたいものだけを聞く傾向（確証バイアス）があることだ。また、自分に限ってだまされるはずがないという幻想に囚われ、自分がまんまとだまされたり罠に落ちたりする可能性を過小評価しがちである。これと関連して、非現実的な楽観的幻想（楽観主義バイアス）にも陥りやすい。さらに、自分の能力は平均以上だと根拠なく信じ込む傾向（平均以上効果）もある。自分には信頼できる人間とできない人間を見抜く能力があると信じ込むのも、この傾向の延長線上にあると言えるだろう。こうしたわけで、信頼できそうな見かけにころりとだまされてしまうのである。

詐欺師を見抜くのはむずかしいのであって、そのことは多くの研究でも指摘されているとクラマーは言う。クラマー自身、交渉相手の信頼を勝ち得るセオリーを編み出しており、学生を使って実験を行っている。それによれば、こうだ。

> 相手の信頼を勝ち得るには、笑顔で接することがきわめて重要である。そして、目を逸らさない。ときおり、相手の手や腕にそっと触れるとよい……冗談などを言って相手をリラックスさせる……また、自分には隠し事は何もないことを演出する……たとえば

「お互い本音でいきましょうよ……そうすれば、きっとうまくいきます……」などと言う。このセオリーどおりにやった学生は信頼の獲得に成功した。

ここに書かれていることは、なんだか多くのリーダーのふるまいに似ていないだろうか。またクラマーの実験では、交渉相手が「相手の半分はあなたをだまそうとしている」と告げられたときでさえ、事前警告を受けなかった人とさして変わらない程度でしか、相手の嘘を見抜けなかった。クラマーは結論として、すばらしい助言をしている——信頼は小出しに。[*6]

信頼を踏みにじっても、リーダーは罰されない

リーダーが信頼を勝ち得ることができれば、それに越したことはない。だが現実問題として、信頼されていなくてもやっていける。しかも、信頼を裏切ったとしてもさしたる報いを受けることはない。もし信頼を踏みにじったリーダーが重い制裁を受けていたら、そうした行為は減るはずだし、信頼されるリーダーだけが残り、リーダーに対する信頼は強まるはずである。だが、そうはなっていない。

あのハロルドを会社から追い出した先輩も、何ら罰を受けることなく経営陣に収まっている。思うに彼女は、輝かしくも長いキャリアの間に、信頼を裏切ったところで、絶対とは言わないまでもめったに制裁を受けることはないと知っていたのだろう。裏切った側が富と権力を手にするのでは、制裁どころの話ではない。たいていの人には、他人の栄光のおこぼれに与《あずか》りたいとか、地位の高い人と仲よくして自分も引き上げてもらいたいという下心がある。そういう下心が、信頼を裏切って金と権力と地位を手にした人への嫌悪感に勝ってしまうのである。

こうした現象の興味深い例として、ビル・ゲイツが挙げられる。あのマイクロソフトのビル・ゲイツである。デイビッド・カプランが著書『シリコンバレー・スピリッツ』の中で、またスティーブ・ハムとジェイ・グリーンがビジネスウィーク誌で、[*7]ハロルド・エヴァンズが『アメリカを作った人々』の中で述べているように、[*8]ゲイツとマイクロソフトはオペレーティング・システム（ＯＳ）をシアトル・コンピュータからわずか五万ドルで買い取った。しかもこれは、天才ゲイリー・キルドールが開発したＯＳをほぼそっくりコピーしたものである。キルドールは二度もゲイツにしてやられた挙げ句に五二歳で亡くなった。

詳細に関しては諸説あるものの、キルドールがＣＰ／Ｍ（コントロール・プログラム／モニター）と名づけられたＯＳを発明したことは誰もが認めている。この革新的なＯＳは爆発的に売れ、一九七〇年代後半の時点で五〇万台のコンピュータに搭載されていた。そしてキルドールが創設したデジタル・リサーチ（ＤＲＩ）に大きな利益をもたらしていた。

こうした状況でＩＢＭはＰＣ事業への参入を決め、ＯＳを外部から買うことにする。そしてＣＰ／Ｍを発明したのはマイクロソフトだと勘違いして、ゲイツを訪ねた。しかし当時のマイクロソフトの専門は、ベーシックのようなプログラミング言語の開発だった。ゲイツはＩＢＭにキルドールを紹介する。だがデジタル・リサーチとＩＢＭの交渉は成立しなかった（その原因はいまだにはっきりしない）。

それを知ったゲイツは、チャンスが巡ってきたことを知る。そっくりのＯＳをシアトル・コンピュータから買ったのである。それも、ＩＢＭに転売することはいっさい知らせずに。マイクロソフトはこのＭＳ－ＤＯＳシステムを「マイクロソフト・ディスク・オペレーティング・システム」と名づけた。もちろんこのＯＳはキルドールのＣＰ／Ｍと瓜二つである。だが著作権や特許をめぐるあれこれは今日でも複雑であり、一九八〇年代初めにはそれで訴訟を起こすことはほとんど考えられなかった。キルドールはゲイツにまんまと出し抜かれたのである。ゲイツは「プログラミングに関してキルドールほどの才能を持ち合わせていなかったかもしれないが、ビジネスに関してははるかに鋭い嗅覚を備えていた」のだった。[*9]

カプランは、次のように書いている。

キルドールは、寝首をかかれるとは想像もしていなかった。それもゲイツに、だ。二人は、ゲイツが一三歳のハッカーで、キルドールが博士課程の学生だった頃から知り合いだった……二人は自分たちの若い会社を合併する相談までした……それは紳士協定のようなもので、どちらも相手のビジネスには関与しないと決められていた。デジタル・リサーチはプログラミング言語には手を出さず、マイクロソフトはOSには手を出さない。[*10]

　ＩＢＭの一件があった後も、キルドールはゲイツを信用していた。そしてそれは、残念な結果をもたらすことになる。一九八〇年代半ば、キルドールはＣＤ－ＲＯＭ技術に興味を持ち、ナレッジセットという会社を共同設立する。同社は世界で初めて双方向型百科事典をＣＤ－ＲＯＭ上に構築した。その後の経緯は、カプランによれば、こうだ。

> キルドールには、ゲイツのやり方がわかっていなかった……自分のアイデアを共有し、みんなの意見を聞くために、キルドールはカリフォルニア州パシフィック・グローブの近くで会議を開くことにする……キルドールは後日、その会議のことをゲイツに話した。すると三カ月後……今度はゲイツが自分のCD－ROM会議のことでキルドールに電話してきた……当時のマイクロソフトは、市場に投入できるようなCD－ROMなど

持っていなかった。だが結局はマイクロソフトがこの分野のトップと見なされるようになる。[*11]

これはよく知られた話であり、本や雑誌でもインターネットでも発表されている。しかも当時のソフトウェア業界はまだ小さかった。だからこうした話は、プログラマーの間にもベンチャー企業の経営者の間にもすぐに広まった。それでゲイツやマイクロソフトが罰を受けていたら、現在のように繁栄しているはずもあるまい。

こうした例はゲイツだけではない。ライフスタイルの元祖マーサ・スチュワートもそうだ。彼女は最近またもや法廷に立つことになった。今回はインサイダー取引ではなく、契約違反である。スチュワートは大手百貨店のメイシーズと一手販売契約を結んだ——すくなくともメイシーズはそのつもりだった。ところがその後に、やはり大手百貨店のＪＣペニーに出店する話を取り決めたのである。こちらの契約では、ＪＣペニーはブランド戦略の一環としてマーサ・スチュワートの名前を使ってよいことになっていた。一手販売契約のつもりでスチュワート側に大金を払っていたメイシーズは憤慨し、訴えたというわけである。だがスチュワートはこの騒動にもいっこうに動じなかった。

マーサはどんなときにも落ち着き払って切り抜ける……転んでも立ち上がる。マーケティングの専門家パメラ・ダンツィガーがＣＮＮに語ったところによれば、マーサにとってメイシーズとＪＣペニーの一件はこんな感じだ――マーサはメイシーズと結婚した。だけど浮気をした。そしてこともあろうにライバルのＪＣペニーと寝てしまった。[*12]

ではスチュワートはこの件で相当なイメージダウンになっただろうか。どうもそうは思えない。何といってもスチュワートは「五カ月の服役後にはより共感できる存在になって連邦刑務所から出てきた」人物なのである。彼女のウェブサイトのビジター数は相変わらず膨大だし、そのブランド力はいまなお絶大だ。[*13]

信頼を踏みにじったリーダーがめったに制裁を受けないのはなぜだろうか。さきほどのクラマーによれば、理由はたくさんある。一つは、人間が生き残る必要上、他人を信じるようにできていることだ。だから、信頼を裏切ったリーダーを目の当たりにしても、これは一度限りのことだと考えて大目に見る。あるいは、すくなくとも自分はだまされないと考える。なぜかって？　自分には見抜く能力が平均以上に備わっていると信じているからだ。

そのうえ多くの人は「公正世界仮説」に囚われている。これが嵩《こう》じると、「世界は公正にできているから、ひどい目に遭う人はそれなりの原因があるのだ」ということになる。たとえば夜道で襲われた人を見ると「そもそも夜道を歩くのが悪い」というように被害者を非難する。そこでゲイリー・キルドールのケースでは、彼がＩＢＭとの契約を取り損ねてマイクロソフトに出し抜かれたのは、ＩＢＭの人間がやってきたときに自家用飛行機を飛ばしていて不在だったからだとか、共同経営者の妻が秘密保持契約にサインしなかったからだという説が流布している。だから取り逃がしたのは自業自得だ、ということらしい。真実はおそらくもっと複雑だったのだろう。ついに公表されなかったキルドールの自伝では、彼は無能な経営者ではなく一方的な犠牲者だとされている。

さらに重要な理由は、大方の人は人間関係において戦略的に行動するということだ。まして取引関係においてはなおのことである。つまり、誰かが自分にしたことよりも、その誰かが将来自分にしてくれる可能性のほうを重視する。信頼を踏みにじったリーダーの大半が罰されないとなれば、彼らは人脈も金脈も維持しているわけだ。なるほどマーサ・スチュワートはメイシーズを裏切ったかもしれない。だが彼女には富も人脈もステータスもある。だったら仲よくしておくほうが得だろう、ということになる。マイクロソフトが大成功を収めて、事実上の独占企業という地位を掌握したら、ビル・ゲイツと争っても何の得もない。聡明な経営者は、ドン・キホーテにならないように気をつける。いくら正論でも、負け戦を戦うのはばかげている。うまく折り合いをつけてやっていくほうがずっと賢い。

そして最後に、仮に裏切りが公表されたとしても、当人は有名になり、たとえ「悪名」であっても世間に知れ渡ることになる。知名度が高いことは、それ自体が財産だ。人間は、あるものに繰り返し接しているうちに、そのものに対して肯定的な印象を持つようになる。これを「単純接触効果」と呼ぶ。買い物をするときに、なじみのあるもの、聞いたことがあるものを選ぶのはこのためだ。[*14]

広告の世界には、「よい広告はあるが、悪い広告というものはない」という格言がある。つまり、どんな広告でも出しさえすれば単純接触効果が期待できるということだ。『一生モノの人脈力』（邦訳はランダムハウス講談社刊）の著者キース・フェラッジに話を聞いたことがある。じつはフェラッジは、ジャンクボンドの帝王と呼ばれたマイケル・ミルケンが証券取引法違反などで有罪判決を受けて服役中に、ミルケンが筆頭株主だった会社のＣＥＯを務めていた。[*15]フェラッジによると、ミルケンの名前のおかげで文字どおり扉が開かれたという。彼の名前を出すだけで、アポイントメントを取り付けられたり、注文をもらえたりしたというのだ。相手はみなミルケンの名前を聞いたことがある。そのおかげで会ってもらうことができたのだろう。

信頼しすぎると損をする

ほとんどの状況で、そして大方の人間関係においては、あまり信頼しすぎず、ほどほどに疑ってかかるほうが賢明である。金銭的損害を被ったり出世競争で出し抜かれたりしたことのあるだまされやすい人は、なおさらだ。いかにも信用できそうなバーナード・マドフを誰も信じなかったら、あれほど巨額のポンジ・スキームを運用することはできなかったはずである。ハロルドにしても、「有能で親切な先輩」をうかうかと信頼していなかったら、いまもまだ自分の会社を経営していたにちがいないし、仮に出ていくにしても、もっと有利な条件を勝ちとれたはずである。

この種の数々の事例を見てきた私にできる最善のアドバイスは、こうだ。過去に注目しなさい。その人の将来の行動を最もよく表しているのは、過去の行動である。契約違反を犯した人、知的財産権を侵害した人、パートナーを訴えたり会社から追放したりした人、約束を破った人、あっさり転職したことのある人は、またやる可能性が高い。裏切られた人たちをまぬけだと非難すべきではない。

もちろん、自分は賢いから、経験豊富だから、地位が高いから、絶対にだまされないなどと考えてはいけない。もしそんなふうに考えているなら、ますます相手の過去の行動に注意することだ。相手の現在の成功や地位や富にも、喧伝されるサクセス・ストーリーにも惑わされてはいけない。自分の未来にとって重要な意味を持つ事柄で誰かを信用する場合には、慎重かつ組織的にその人の経歴を調査することである。

大方の人は、面倒くさがってそうした調査を怠りがちだ。『影響力の正体』（邦訳はＳＢクリエイティブ刊）を書いた社会心理学者のロバート・チャルディーニが指摘するとおり、私たちは好き好んでだまされるのである。[*16] 疑り深く相手の過去をチェックするのは、もちろん気持ちのよいことではない。大方の人は叩けばほこりが出るのだからなおさらだ。だがここで居心地の悪い思いをするほうが、信用してはいけない相手を信用して地位や評判やお金を奪われるよりははるかにましである。

もし、さまざまなビジネス上の事情や過去のしがらみから、あまり信用できない会社や人間と取引せざるを得ないときは、きっちりと契約を結び、特許や著作権や知的財産権を固めておくことだ。そうすれば、いざというときに身ぐるみ剝がれることはない。

ここで、スタンフォード大学の同窓生（仮にロバートとしよう）から聞いた話を紹介しよう。ロバートは数十年にわたり映画産業で働いてきた。二〇〇八年に、ロバートは二人の仲間とともに、ハリウッド映画の配給会社を設立する企画書をまとめる。彼らのアイデアは、こうだ。このところ大手製作会社は、容易な資金調達を背景に大作を次々に製作・公開しており、独立系製作会社の作品の購入を中止している。いまなら、クオリティの高い作品を以前よりはるかに安く買うことが可能だ。だから、自分たちがそれをやろうじゃないか。

三人は計画を煮詰め、銀行から融資枠を取り付け、著作権の交渉をし、いよいよ資金調達に乗り出した。不況が始まっていて資金調達には悪いタイミングだったにもかかわらず、あるプライベート・エクイティ・ファンドの支援を受けた劇場チェーンが興味を持ってくれる。ロバートの配給会社からこの劇場チェーンに作品を提供することも決まった。劇場グループの会長は、「われわれは仲間だ」と大見得を切ったものである。

ここまで来れば、読者にもその後の顚末《てんまつ》は予想がつくだろう。会長は、「資金調達を容易にするため」と称して、支援を受けているファンドからコンサルタントを一人送り込んできた。それから突然「なんだかいやな感じになった」とロバートは言う。九カ月後、そのコンサルタントが共同設立者に加わって、独立系映画の配給会社が発足したのだ！　そして、ロバートたち三人が練り上げた企画書通りのビジネスを始めた。「ボクたちにはどうすることもできなかった。渡る世間は鬼だらけだ」

自分たちの企画の法的権利を保護しておけば、横取りされることはなかっただろうか。すくなくとも、あれほどやすやすと出し抜かれることはなかっただろうか——たぶん。劇場チェーンとぐるになったファンドだけに依存せず、並行してほかからの資金調達も試みていたら、かんたんに裏をかかれずに済んだのではないか――そうかもしれない。

だが、変化の速い映画産業でおもしろそうなビジネス・チャンスを見つけ、リスクをとって会社を立ち上げ、興味を持ってくれるパートナーに巡り会い、励まされ、持ち上げられ、しかもそれが不況の時期だったということになれば、信用すべきでない人間を信用しすぎることは大いにありうる。三人が飛び抜けて大まぬけだったと言うべきではなかろう。単に、よくあることの一つに過ぎない。

この話から学ぶべき教訓は、人間はだいたいにおいて自己利益を追求する生き物だ、ということである。これは普遍的な事実と言ってさしつかえあるまい。約束を破ることが自己利益に適うなら、たぶんその約束は破られる。しかもそれで罰を受けることはめったにない。実験研究によれば、裏切られた人は報復手段に訴えるという結果が出ているが、それは実験では、裏切られた側に仕返しをする手段や時間が与えられるうえ、裏切った相手と将来も付き合う可能性は皆無だからだ。ひるがえって現実の世界では、裏切るのは取引先や販売代理店や投資家である。こうした相手とは、今後も取引するかもしれないし、世話になるかもしれない。となれば、軽々しく制裁を加えたり、訴えたりするわけにはいかない。そこで、「この業界ではよくあることだ」と片付けるか、「うかつに信用したのが悪い」と自分を責めることになる。あるいは、過去の例はどうあれ、自分のケースだけは特別だとか別物だと考えるのかもしれない。たとえば統計によれば、ハイテク業界の起業家の八〇％は、ベンチャー・キャピタル投資家によって自分の会社から追放される。ところが「自分もやられた」と認める人にはお目にかかったことがない。

結局のところ、人生ではいろいろな人と付き合わなければならない。映画の配給会社なら劇場や投資家と、ハイテク起業家ならベンチャー・キャピタリストと、小売店ならマーサ・スチュワートと、サプライヤーならマイクロソフトと。より一般的に言えば、自分のビジネスのために誰かの助けを必要とする人は、「パートナー」の過去の行状がどうあれ、やはり取引をすることになる。

むしろ裏切りは得？

現代の組織では嘘や空手形《から》がはびこっており、これを避けるには何事によらず疑ってかかるほうが得策であることは、読者にも納得がいくと思う。だが裏切り行為の横行は、会社や経営者にとっていいことだろうか。こんなふうに質問したら、まちがいなく答はノーだろう。だがすこしばかり言葉を変えるだけで、答はまったくちがったものになるはずだ。

どうすれば信頼関係を築けるか、どうすればそれを壊せるかは、はっきりしている。信頼するとは、要するに、この人あるいはこの会社は約束を守ると思えることを意味する。つまり簡単に言えば、信用されるためには約束を守らなければならない。社員や顧客にした約束も、である。

だがときには、いやひんぱんに、会社にもリーダーにも生き残りを賭して困難な選択を迫られるときがくる。以前にした約束をすこしばかり柔軟に運用することにメリットが出てくるのは、そんな状況だ。組織の存続が至上命令である以上、リーダーはたとえ嫌われようと、信頼を失おうと、タフな決断もしなければならない。となれば、口頭の約束や暗黙の約束を反古《ほご》にするだけでなく、既存契約の違反や破棄も辞さないということになる。

ダニエル・デボウとデービッド・スタインは起業家で、人材評価システムを手がけるライプル（Rypple）を創業したことで知られる（現在はセールスフォース・コムの傘下に収まっている）。じつはデボウは、ライプルと同時に人材管理会社も設立したが、そちらについては過半数の持ち分を確保していなかった。その会社がどうなったか、デボウから直接話を聞いたことがある。ソフトウェア業界ではありふれた話だが、その人材管理会社は買収された。買い手が欲しかったのは、顧客リストと既存契約である。しかも契約の大半は複数年にわたっている。この種の買収を行う連中は、だいたいにおいてこんな胸算用をしている。既存の客は「釣った魚」である。従来どおりのサービスを維持しようがしまいが、あるいは従来どおりのペースでイノベーションを実現しようがしまいが、客の大半は、面倒くさがってサービスの乗り換えなどしないだろう。そのうち次第に客離れが起きるとしても、その分はサービスの縮小やイノベーション予算の削減でコストを切り詰められるから、しばらくの間はかなりのリターンが見込める。これはうまい買い物だ、というわけである。この手のことはソフトウェア業界では日常茶飯事であり、創業者はある日この事実に気づかされる。かつて自分の会社だったときの大切な顧客から、苦情の電話がかかってくるのだ――経営者が代わってから、あんたのところのサービスはひどくお粗末になったぞ。

もっともこれは、ソフトウェア業界に限らない。リチャード・コバセビッチがウェルズ・ファーゴ銀行のＣＥＯに就任して改革を実現するまで、同行の戦略といえば、ファースト・インターステートのような中堅銀行を買収し、統合プロセスの混乱に乗じてサービスの質を落としてコストを切り詰め、銀行を切り替えるのは面倒だという既存客から利益を吸い上げる、というものだった。ソフトウェア会社とまったく同じで、感心しない戦略である。

彼らの利益が、従来のサービスの質を落とすという裏切りによって確保されていることに注意してほしい。顧客はサービスを期待して、あるいはマーケティング担当者にサービス内容を約束されて銀行との取引に入ったはずであるが、それをあっさり反古にしたのである。コンサルティング業界では、こうしたやり口を「金のなる木」作戦と呼ぶ。要はぼろ儲けということだ。しかしこれは顧客の信頼に対する明白な裏切りであり、こうした戦略を奨めるコンサルタントはほとんどいないはずである。

この手のことは、社員に対しても行われる。企業は、年金、医療保険給付、退職金などさまざまな形の繰延給与を抱えている。労働経済学者のエドワード・ラジアーが指摘するように、これらの繰延給与は、勤続年数の長い社員ほどメリットが大きく、したがって彼らの定着を促す効果がある。[*17] だが買収した側は、取り決めを変えるだけで、大きな利得を手にすることが可能だ。だから平気で年金を打ち切ったり、退職金を大幅減額したり、生産性に比して給与が高すぎるという理由で勤続年数の長い社員を解雇したりする（しかし彼らは、若い頃には生産性に比して低すぎる給与を我慢していたのである）。確定給付型の年金は姿を消し、確定拠出型にしても、会社側の拠出額はいつの間にか減っているという具合だ。労使関係専門の弁護士に聞くと、こうしたことは十分に起こりうるという。「すでに支払った給与を取り上げることはできないが、将来の給付に関しては、会社側は契約変更の権利留保条項を明記しているのがふつうだ」[*18]。

だから、社員は給与および福利厚生に関して会社と契約を取り交わしたとしても、それは将来の保証にはならないのである。何らかのサービスの顧客と同じく、社員もそう簡単に会社を乗り換えるわけにはいかない。不況で買い手市場であれば転職はむずかしいし、どの会社でも通用するスキルを持ち合わせていない社員はいまの会社にしがみつくしかない。どのみち転職には時間と労力を要する。こうした次第で経営陣は、社員との約束を反古にして利益を増やそうとしたり、バランスシートのつじつまを合わせようとしたりするわけだ。航空会社はまさにこれをやった。アメリカの航空会社の大半が破産申請をした当時の損益計算書やバランスシートを見てほしい。もし年金債務などを維持していたらどういうことになっていたか、一目瞭然である。

言うまでもなく、信頼を裏切る行為は代償を伴う。顧客も社員も疑り深くなるにちがいない。社員であれば、年金や退職金は当てにならないとばかり、とにかく当面の給与を上げさせようとするだろう。暗黙の約束を破るような、つまり信頼を裏切るような買収に長期的にみてどれほどの利益があるのかは議論の分かれるところだが、すくなくともそうした買収で大金を手にする人間がいることは、疑う余地のない事実である。

エデルマン・トラスト・バロメーターなどの信頼度調査でリーダーに対する信頼度がきわめて低かったのは、景気後退が一因だったと主張することは、あるいは可能かもしれない。不況期には、どうしても賃金カットや福利厚生の縮小や、さらには解雇をせざるを得ないからだ。またもう一つの原因として、さまざまな業界で合従連衡《がっしょうれんこう》が進んだことも挙げられよう。企業が巨大化すれば、顧客に対してより大きな力を持つようになるため、集客時に行った暗黙の約束を破ることが容易になるし、またそれによる利益も大きくなる。

要するに、信頼を維持するには約束を守らなければならないが、約束はやがて邪魔になるということだ。そうした例をもう一つ挙げるとすれば、ベンダーとサプライヤーの関係がまさに該当する。一方が他方を裏切り、あるいは出し抜いて直接の競争相手になるということが、毎日のように行われている。

インターネット起業家で、ハイテク会議のオーガナイザーとしても知られるジェイソン・カラカニスは、企業のやり口を知り抜いている人物だ。彼はブログに次のように投稿している。どこか大手（リンクトイン、フェイスブック、ユーチューブなど）の商圏内で起業するのは、端的に言ってやめたほうがよい。何か有望なビジネス・アイデアやアプリケーションを開発したとたんに、大手が自分でやり始める。そのスタートアップを大金で買収する手間などかけず、自分たちでもっといいものを開発してしまうからだという。

レノボは現在、パーソナル・コンピュータでは世界最大手で独自ブランドを手がけているが、かつては外国ブランドの販売や大手メーカーの委託製造を行っていた。韓国の大手電機メーカーの大半もそうだ。このように、変化の速い業界では今日のパートナーが明日のライバルになる。そして企業に言えることは、個人にも当てはまる。状況が変われば敵味方はあっというまに変わるのである。

そして個人のレベルでも、約束が邪魔になることは往々にして起こりうる。かつての仲間や協力者の追放や排除がひんぱんに起きるのはこのためだ。たとえばジョン・リードは、トラベラーズとの合併後にシティグループから追い出された。追い出したのは、かつての共同CEOだったサンディ・ワイルである。また長年ワイルの右腕だったジェームズ・ダイモンは、ワイルに解雇された。ワイルの娘の昇進をめぐって口論したことが原因だといわれている。ギル・アメリオは、スティーブ・ジョブズとの確執からアップルのCEOを退任した。アメリオはジョブズの会社ネクスト・コンピュータを買収し、ジョブズをアップルに呼び戻したのに、ジョブズはお礼を言うのを忘れてしまったらしい。自分が抜擢したり社外から登用したりした人間との権力闘争に敗れ、あるいは下克上で追い落とされ、追放の憂き目に遭うリーダーは数え切れないほどだ。

リーダーはフランケンシュタインを育てているのかもしれない。引き抜かれ、目をかけられ、右腕と呼ばれるようになった新任のエグゼクティブは、往々にして恩を仇で返す挙に出る。尊敬され、信頼され、たびたびメディアに登場し、講演に引っ張りだこのような人物でも、自分の利益に適うとなれば約束を破るのである。もしこのことを疑う人がいるとすれば、その人はたぶんニュースをチェックしていないのだろう。

ここで言っておきたいのは、彼らが約束を守らないのは、けっして悪党や詐欺師だからではない、ということだ。約束が邪魔になり、自己利益の追求を妨げるようになったから、破るのである。状況が変わって目標もニーズも変わった、ということだ。それを身に染みて知っているのは、デトロイト市の職員だろう。二〇一三年に財政破綻した同市では、約束されていた年金などの給付金はおおむね虚空に消えてしまった。

企業の契約違反は、よく大見に見られる

本章で取り上げたふるまいは、毎日のように起きている。となれば、次の二つのことが言えるだろう。第一は、約束破りは重大な悪行とは見なされていないことである。第二は、裏切りに遭って一生悔やんだり恨みを抱き続けたりする事態を避けるために、たいていの人は現実と心理的に折り合いをつける方法を見つけていることだ。おそらくたいていの人が両方を実行しているだろう。

企業の契約違反は個人の違反ほど重大とは見なされておらず、倫理的な非難を受けないことが、実証的に確かめられている。経営学教授のユリエル・ハランは、契約違反を見つけたときに人々がどう反応するかを研究した結果、個人の違反は倫理的な犯罪と見なされることがわかった。これに対して企業が違反しても、事業上の必要に迫られてやむなくやったのだろうなどと斟酌《しんしゃく》され、適切な経営判断だったと評価されることが多く、倫理的批判はあまり

されなかったという。[*19]

ハランの研究結果は、世間の一般通念とみごとに一致する。通常であれば守るのが当然の契約条項も、企業が違反した場合には、経営困難に陥っていたから同情の余地はある、などと受けとめられることが多い。ハランの研究では企業と個人を対比させたが、信頼の裏切りの受けとめ方に影響をおよぼす要因はほかにもある。

その一つは、あまりにそうした事例が多いため、人々が慣れ切っていることだ。ビジネスの世界で企業も個人も利益追求に邁進している現状では、約束破りは日常茶飯事であり、自分だっていつやるかわかったものではない。こうした状況では、倫理的批判が弱まるのも無理からぬことである。そうでなければ、大方の人がもっと怒っていたにちがいない。ともあれこのことは、契約が守られるとは誰も思っていないことを意味する。みんな馬鹿ではないのだ。しかしこのことはまた、約束違反に鈍感になり、あまり怒ったり批判したりしないことがあたりまえになったことも意味する。

するとここで、裏切りの循環が始まる。約束が邪魔になれば、平気で破る。破ってもめったに罰は受けない。そうした約束破りが横行すれば、誰もがやるという意味でそれが「あたりまえ」になる。すると、約束破りはますます増え、倫理的批判を浴びることもほとんどなく、ビジネスでは仕方がないとか、組織内の駆け引きはこういうものだと容認されるようになる。すると違反はもっと増える、という具合である。

信頼がじつに大切なものであることは言を俟《ま》たない。リーダーにとって重要な資質であることはまちがいないし、最後に自分を助けてくれるものも信頼である。その点に疑いの余地はない。唯一の問題は、大方のリーダーも大方の組織も、信頼が欠けていることだ。このことをよく理解した読者なら、もう二度とだまされることはあるまい。

第6章

思いやり リーダーは最後に食べる？

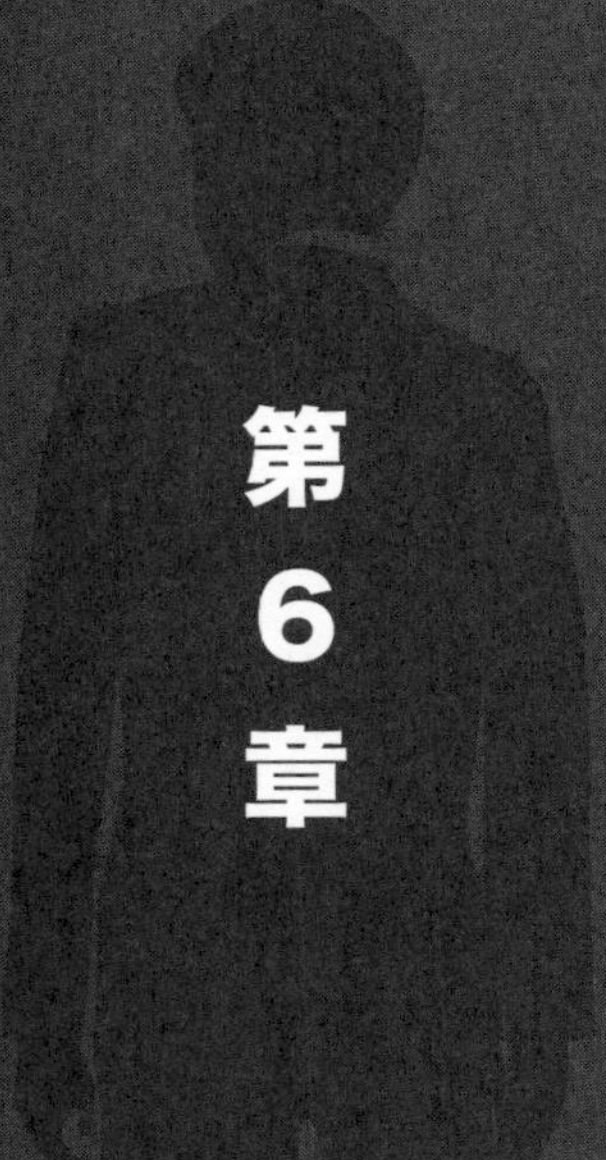

アメリカ軍では、将校は下士官の後で食事をする。すくなくとも、サイモン・シネックの『リーダーは最後に食べなさい！――最強チームをつくる絶対法則』（邦訳は日本経済新聞出版社刊）によれば、そうなっている。[*1] こうした習慣が生まれたのは、よきリーダーは自分自身のことよりも他人、とりわけ部下のことをまず考えるものだ、という考え方が広まったからだろう。一言で言えば、組織を成功に導くためにはまず部下を大切にせよ、ということだ。それはリーダー自身の寛容と利他心を示すことにもなる。

こうしたスタイルのリーダーシップの特徴を表すために、「サーバント・リーダーシップ」という言葉まで生まれた。この言葉が意味するのは、単に自分の利益より部下の利益を優先することではない。リーダーは一般に組織の業績を最優先するが、サーバント・リーダーシップではそれよりも部下の幸福や満足度を重んじるのである。[*2] この意味で、サーバント・リーダーシップのポイントは、リーダーより部下を優先するというよりもむしろ、組織より部下を優先することにある。

サーバント・リーダーシップを提唱する人は、次のような論拠を挙げる。部下は、やりがいのある仕事、おもしろい仕事をしたいと思っている。また、上司に一人前の大人として扱ってもらいたい、自分の仕事の決定権を与えてもらいたい、ある程度自由にやらせてほしい、と考えている。そうした部下の気持ちを忖度《そんたく》し、ニーズに配慮すべく努力すれば、リーダーはすばらしいチームを作り上げることができ、ひいては会社の業績を向上させられるにちがいない。[*3]こうしたスタイルのリーダーシップは、必然的に信頼、思いやり、権限委譲などを特徴とする。[*4]部下を信頼して仕事を任せれば、部下の学習や成長を助けるとともに、誇りや自信をつけさせることにもつながる。

サーバント・リーダーシップがもてはやされるようになると、それを専門とする研究機関も設立された。グリーンリーフ・センター、スピアーズ・センターなどがそうだ。また一部の大学にも研究所が設けられている。もちろん多くの本も書かれ、講演のテーマにもなっている。

オーセンティック・リーダーシップをはじめとする近頃話題のリーダーシップと同じく、自分のために働いてくれる人のことをまず考えるという姿勢は多くの人の共感を呼ぶと同時に、多くの人が直観的にリーダーに求めることとも一致した。リーダーというものは定義からして他の人より大きな権力を持っているのだから、それに伴う責任も大きい、と一般に考えられている。部下に対する責任も含め、権力が責任を伴うとすれば、権力が大きいほど責任も大きくなるはずである。

「部下のことをまず考える」ことは、倫理的には正しい。実際、多くの宗教には「他人に寛容であれ」「他人の幸福を求めよ」といった教えが含まれている。十分の一税や貧者への施しは、それを具体的な形で表したものだ。

そしてさまざまな実例からすれば、倫理的に正しいだけでなく、ビジネスにとっても意味がある。ほんの一例を挙げれば、ヴィニート・ナイアーはHCLテクノロジーズのCEOに就任すると、同社を華々しい成功に導いた。収益の拡大はもちろんのこと、わずか八年間で時価総額を七倍にしたのである。ナイアーはこの成功の秘訣を問われたとき、顧客よりも何よりも社員を大切にすることを決めたおかげだと語っている。[*5]

ヴァージン・アトランティック航空を設立し、ヴァージン・グループの会長を務めるリチャード・ブランソンも、「社員第一、顧客第二、株主第三」の経営哲学で知られる。サウスウエスト航空の共同創立者にして元CEOのハーバート・ケレハーもそうだ。彼は同社を働きがいのある会社にしただけでなく、経済面でも業績の大幅改善に成功した。非公開企業としては世界最大のソフトウェア会社SASインスティチュートを共同創立したジェームス・グッドナイトも、一貫して社員の幸福を重視してきた。「働きがいのある会社」ランキングで上位になることは彼にとってきわめて重要な目標であり、実際にも同社はランキング上位の常連である。この点は、ザ・コンテイナー・ストア・グループの創業者にしてCEOのキップ・ティンデルも同じだ。

社員第一の哲学の論理は明快そのものだ。会社が社員の幸福を重んじれば、社員はやる気を出し、転職率は下がる。よって、コスト削減につながる。また社員が熱心に働けば、顧客満足度の上昇、イノベーションの創出といったさまざまなメリットが期待できる。となれば収益は拡大し、株主も喜ぶ。すくなくとも、顧客満足度指数を開発したＡＣＳＩの会長クラース・フォーネルはそう言っている。[*6]

リーダーは、「社員第一」ではなく「我が身第一」

リーダーが社員の幸福を考え、「最後に食べる」としたら、それはすばらしいことだ。だが私が部下なら、リーダーにあまり期待しない。サーバント・リーダーシップを身につけたリーダーが何人いるかとか、サーバント・リーダーシップの精神がどれだけ根付いているか、といったことを示すデータはないが、最後に食べるリーダーがさほど多くないことは確実である。というのも、リーダーがみな社員第一であれば、それは特筆すべきことではなくなり、本や講演やセミナーで事改めて取り上げる必要はないからだ。しかも多くの本には、サーバント・リーダーシップを実行するのはむずかしいと書かれている。たいへんな努力を要するのであれば、そうしたリーダーが大勢いるとは考えにくい。

　サーバント・リーダーシップが最近さかんに話題になる理由を理解するには、もっと直接的な問いを発するほうがよさそうだ。第一に、企業のリソースはどのように分配されているのだろうか。第二に、経営者は、軍隊の将校と同じく、社員に先に譲ってから残り物をとるのだろうか、それともまっさきにできるだけ多くとるのだろうか。第三に、困難な事態に遭遇しコスト削減を余儀なくされたときに、企業はリーダーと社員の間で痛みをどのように分け合うのだろうか。

いやいや、答はわかっていると言わないでほしい。世界には、実際にリーダーがより多くの犠牲を払う組織が存在する。東京電力は、地震と津波の被害により福島第一原子力発電所で重大事故が発生し、会社の存続自体が危うくなったとき、賃金カットを行った。このとき、地位の高い社員ほど減給率が高かったのである。これは正しい。地位が高いほど問題に対する責任も大きいのだし、減給に耐えられる財政的な余力もあるからだ。だがこれは日本の話であり、アメリカで実際に行う企業はなかなかない。日本は社員に対する文化的な規範がアメリカとは異なっており、リーダーには名誉あるふるまいが求められる。

権力は組織内での地位と比例しており、地位が高い人間はその権力を使って自分の雇用や報酬や特権を守ろうとするのがふつうだ。東京電力は稀有な例外である。組織社会学を専門とするジョン・フリーマンとマイケル・ハナンは、組織で管理職の数がなぜ増えるのかを研究したことがある。それによると、好景気のときに管理職の数は（おそらくはそれ以外の社員の数も）増える。だが不景気になると、決定権を握る幹部に近いところにいる管理職はちゃっかり自分の雇用を守り、解雇の対象は現場の人間に集中することになる。彼らは上層部の情報に乏しいし、影響力もないからだ。こうして好不況が何度か繰り返されるうちには、管理職の数がむやみに増えてしまうわけである。[*7] この研究から、権力は「持てる者」の雇用の確保につながっても、「持たざる者」の雇用にはおよんでいないことがわかる。

地位の高い人間による報酬の確保は、雇用の確保以上にひんぱんに行われている。大失敗をすると、リーダーは気前のよい退職金をもらって退任するが、ふつうの社員は単にクビになるか減給処分になる。これは悲しいかな、事実だ。こうした例は無数にあるが、とくに有名な例を挙げるならヒューレット・パッカードだろう。同社は比較的短期間に三人のエグゼクティブを更迭した。カーリー・フィオリーナ、マーク・ハード、レオ・アポテカーである。このうちアポテカーは、たった一八カ月ＣＥＯを務めただけで、しかも業績も振るわなかったのに、数百万ドルの退職金を手にしている。フィオリーナにいたっては、コンパックとの合併を強行してヒューレット・パッカードを凋落《ちょうらく》へと導いたにもかかわらず、退職金の額は五〇〇〇万ドルにのぼった。

ＧＥからホーム・デポに引き抜かれたロバート・ナルデリは、在任期間中にシェアをロウズに奪われ、株価も二〇％近く下落したことを受けて取締役会から解任されたが、なんと二億一〇〇〇万ドルもの退職金をせしめた。リック・ワゴナーはゼネラルモーターズ（GM）のCEOだったとき、労働組合と賃金削減交渉をしているまさにその最中に、厚顔にも一〇〇万ドルのボーナスを受けとっている。GMはその後破産し、政府の救済を受けて一時国有化されることになったが、ワゴナーは二三〇〇万ドルの退職金を手にして辞任した。

航空業界も、そうした事例のオンパレードだ。パイロットからフライト・アテンダントにいたるまで、社員にはのべつ給与の引き下げや手当の減額を迫る一方で、経営幹部の報酬が切り詰められることはまずない。たとえ会社が倒産しても、である。小売業界でも状況は同じようなものだ。二〇一二年にマクドナルドのCEOドナルド・トンプソンがもらった報酬は一四〇〇万ドルにのぼる。しかしこの年に同社は社員に対し、公的支援の申請手続きの方法や無駄な支出を切り詰める知恵など、「低賃金でやりくりするヒント」なるものを伝授しているのである。[*8]

CEOの報酬に関しては、啞然とさせられるデータもある。CEOの報酬が一般社員の給与体系から切り離されていることは周知の事実だが、それにしても、CEOと平均的な社員との報酬格差は拡大する一方だ。ニューヨーク・タイムズ紙には次のような分析記事が載った。

長者番付に経営者が目立って多いことは、昔もいまも変わらない。だが近年では、その報酬額に大きな変化が見られる。一九七九～二〇〇五年の最上位〇・一％の所得をみると、増加分の約七〇％は経営トップと金融機関の専門職で占められている……経済政策研究所が行った調査によると、一九七八～二〇一一年にCEOの報酬は七二五％増えた。これに対して、同時期の労働者の賃金は、五・七％しか増えていない。[*9]

こうした次第で、CEOの報酬は、一九六五年には平均的な社員の約二〇倍だったのが、四〇年後には二〇〇倍を上回っている。[*10] また、大企業のCEOの報酬は、同じ会社の平均的な社員の三三〇倍以上だという調査結果もある。[*11] CEOと平均的な社員との報酬格差が最も大きいのは金融業、最も小さいのはハイテク産業である。[*12]

しかも、CEOの報酬が増えるのは、必ずしも会社の業績が上向いたときではない。「エグゼクティブの報酬は、だいたいにおいて、その会社の株価や収益の伸びを上回るペースで増加する」という。[*13] 多くの調査が、CEOの報酬はその企業の業績と無関係であることを示している。多数の調査結果のメタ分析によれば、CEOの報酬の変動に寄与する度合いは、企業の規模が約四〇％であるのに対し、業績はわずか五％だという。[*14]

もちろん、そういう企業ばかりではない。アイスクリームのベン＆ジェリーズ、オフィス家具のハーマンミラー、食品スーパーのホールフーズ・マーケットは、CEOの報酬に上限を設定し、平均的な社員の給与に対する比率を穏当な水準に抑制している。だがこれらの企業はごく少数の例外であって、他の多くの企業のリーダーは「我が身第一」だ。

かつての教え子でいまはエグゼクティブになっているある男は、あるときかなり酔っぱらってこう言った。「いまは犠牲を共有する時代だ。社員が犠牲を払い、その分をこっちがもらうっていう形でね」。

平社員に賃金カットを要求しておきながらエグゼクティブは結構なボーナスや手当を受けとるとか、CEOと平均的な社員との報酬格差が拡大の一途をたどっているとか、社員の雇用を犠牲にしてエグゼクティブが雇用を確保するといった例はあまりに多く、これでは「最後に食べる」リーダーがほとんどいないことはあきらかだ。つまるところ大半のリーダーは、本来は部下あるいは組織のことを最優先すべきだとしても、実際には我が身を第一に考えている。

なぜ上司は部下を思いやってくれないのか

我が身ばかりを大切にするリーダーのふるまいを正すには、まずそのようなふるまいがな

ぜ起きるのかを究明することが先決である。心理学の助けを借りれば、それはけっして困難ではない。原因が突き止められれば、対策を立てるのははるかに容易になる。そのほうが、「部下を大切にしよう」と熱心に説くよりよほど効果的だ。

飛行機で隣に乗り合わせた人やカクテルパーティーで初対面の人と話すとき、たぶん誰もが共通点や似ているところを探そうとするだろう。そして、たとえば出身校が同じだったり、趣味が同じだったりすれば、意気投合し、絆が深まる。これはおそらく進化の過程で、同じような遺伝形質を見分けることが種の存続にとってきわめて大切だったためだと考えられる。実際、人間は自分の「同類」を嗅ぎ分け、反応する能力に長けている。

社会心理学のある研究によると、人間は自分と似た人を助ける傾向がある。この「似ている」というのは全然重要でない些末なことや偶然の一致でかまわない。たとえば誕生日が同じだとか、手相が似ているとか、イニシャルが同じというのでもよい。それだけで、依頼を快く引き受けたり、面会に応じたりする。[*15] また、人間は自分と似た人に惹かれる傾向も備えており、物の見方や価値観が似ていることは人間関係の決め手となるほどだ。[*16] さらに、訛《なま》りが同じだとか、話し方や声が似ているだけで、相手を好きになったりする。[*17]

要するに人間は、自分のことを思い出させてくれる人が好きなのである。この傾向は、暗黙のエゴと呼ばれることもある。自分の名前と同じ州に住みたがったり、名前と縁のある仕事に就いたりするのはこのためだ。[*18]

このことは、リーダーのふるまいと深い関係がある。多くの組織では、リーダーと部下の間で共有するものがきわめて少ない。あるいは、全然ない。私は、ある地方都市で大手製紙会社を訪問したときのことをいまでも覚えている。立派な本社ビルでは、エグゼクティブのフロアに通じるドアに厳重にロックがかかっていた。一般の社員には通行は許されていない。エグゼクティブは自家用ジェットで移動し、こまごました雑用は専用のスタッフが引き受ける。これがまたじつに丁重かつ慇懃《いんぎん》で、気楽にジョークを言えるような雰囲気ではない。隔絶された世界だった。そこまでいかなくても、一部の企業ではいまでもエグゼクティブ専用の食堂があるし、駐車スペースも役員用は特別になっている。こうした企業では、社員と共通の経験をするどころか、偶然にすれ違う可能性すらない。

そのうえ昨今では、CEOを含めエグゼクティブを外部から登用する例が増えている。こうなるとますます、リーダーと社員との共通体験はすくなくなってしまう。場合によっては、CEOを他業種から引き抜いてくることもある。この場合にはまったくの「異邦人」であり、社員とは歴史も経験も共有できないし、そもそも自分を指名した取締役会のメンバー以外は顔も知らないだろう。このように、社員と共有するものがほとんどなく、日常的に接触もないリーダーが、社員を第一に考えるだろうか。心理学の理論でも実証研究でも、答はノーである。

日常的に接することや共通点を認識できることが関係構築では重要だとわきまえているリーダーたちは、自ら進んで彼我を隔てる障害物を取り除き、社員との風通しをよくしようとする。たとえばセルジオ・ナカチは、日用品大手のキンバリー・クラークでアンデス地域担当役員になったとき、それまであったエグゼクティブ専用オフィスに通じる仕切りを取っ払った。そしてチーム・スピリッツを根付かせたいと考えて、社員全員に気を配るよう努めた。だがナカチのようなエグゼクティブは例外である。大企業の本社では、役員と社員の間に文字通り隔壁が存在する。階級や地位が重んじられる地域、たとえばアジアや南アメリカの一部ではとくにそれが顕著だ。

また人間は、自分の体面や優越性を守ろうとする気持ちが強い。自分のことはよく考えたい、自分が悪いとは思いたくない。そこで組織に何か問題が起きたとき、自分や近しい同僚に原因があるとは考えず、「外部化」しようとする。つまり自分たち以外の人の行動や利害に原因を求める。この心理的傾向により、リーダーはまずもって自分の非を認めようとはしない。

リック・ワゴナーをはじめとするＧＭの経営者たちが、自社の業績不振は組合労働者にかかる福利厚生費が高すぎるせいだと言い続けてきたのは、その端的な例と言えよう。この福利厚生費には、退職者医療制度や年金、一時解雇による待機期間中の給付金が含まれる。しかし同社の不振は、端的に言って、消費者が欲しがる車を作れないせいだろう（なにしろ二〇〇四年には、平均的にトヨタの車のほうが三〇％も高かった）。さらに言えば、GMのコストで問題なのは、労働者の福利厚生費よりも経営陣の高すぎる報酬のはずだ――だがこの痛い真実を彼らは見ようとしなかった。

この点では航空業界も同罪である。航空会社の幹部もやはり業績不振を社員の給料が高すぎるせいだとし、サービスのクオリティが低くて利用者にそっぽを向かれているためだとは考えていないらしい。さらに運航面でも、フライトの遅延は空港の混雑が原因だと言い訳する。だがアメリカの航空会社は、拠点とするハブ空港では優先的にフライトスケジュールを組んでいるはずだ。したがって混雑するようなスケジュールを組んだこと自体、その会社に責任がある。こんな具合だから、ひとたびリーダーが社員や他社や外部要因をスケープゴートにするようになったら、そのリーダーに「社員第一」を期待するのはまったくばかげているだろう。

ある調査によれば、経営者というものは、高業績は自分の実力だと自画自賛し、業績不振は自分ではどうにもならない外部要因や前任者やマクロ経済環境のせいにするという。なかには、現場の営業に責任を転嫁する経営者もいる。*19 ウチの会社は人件費が高すぎるから、人間が多すぎるから競争力がないのだと言う経営者は、現場で実際に仕事をしている社員のコストを削ることしか考えていないらしい。

その実例を私自身目撃したことがある。ある経営者会議で、金融業界の著名な人物が、「アメリカもついに競争力を取り戻しつつある。というのも自動車メーカーの賃金が、すくなくとも新規採用者に関しては、メキシコより低い水準まで引き下げられたからだ」という主旨の発言をしたのである。私は驚き、たまたま隣にいた労働問題の専門家のサンフォード・ジャコビーに、本当かと訊ねた。本当だという。しかしさすがにその場で、エグゼクティブの報酬はどうしたのかとか、エグゼクティブの報酬を引き下げればもっと競争力がつくのではないかと質問することははばかられた。

生え抜きの人間や現場の仕事を多く経験してきた人がリーダーになる場合には、社員との共通体験が多いため、社員の幸福に配慮するケースが多いと考えられる。一般に軍の幹部が部下思いなのは、おそらくこのためだろう。上級将校も低い地位から始めるので、部下の気持ちがよくわかるようになる。これに対して、他社から、それも他業界から登用されたリーダーは、部下と共有できるものが少なく、社員の利益を第一に考えるようにはなりにくい。

リーダーを部下思いにするには

次章でくわしく述べるが、自己利益を追求する利己的なリーダー自体は、必ずしも職場で最大の問題というわけではない。問題は、リーダーが他人を思いやることを期待し、その期待に基づいて行動することのほうである。相手に寛容や思いやりや共感を求めるのはけっこうだが、企業のような組織では、必ずとは言わないまでも大半の場合に落胆することになる。とはいえ、リーダーをもっと部下思いにする方法がないわけではない。

まずリーダーシップ理論は、経済学から、とくにエージェンシー理論からもっと学ぶべきである。エージェンシー理論は、プリンシパル・エージェンシー理論とも言い、主たる経済主体すなわちプリンシパルと、プリンシパルのために活動する代理人すなわちエージェントの間の契約関係すなわちエージェンシーを扱う。エージェンシー理論は、この広く見られる契約関係を分析する正統的な理論である。

会社の所有者は、CEOをはじめとする経営陣に経営を委ね、経営陣は業務を下位のマネジャーに委ねる。だが所有者も経営陣もいちいち業務の運営状態を監視していられないため、業務を任せた相手を適切に管理することも、さらには正しく評価することもできない。

ここに、エージェンシー理論の出番がある。エージェントが自己利益を追求する過程でプリンシパルの利益にも合致する行動をとるようにするには、どのようにインセンティブを設定すればよいか、といったことに役立つからだ。このインセンティブには、当然ながら、最適な報酬体系などが含まれる。[*20]

エージェンシー理論のポイントは、適切な測定とインセンティブである。この二つによって、利害相反の問題はあらかた解決できる。そこまで言わないとしても、リーダーに部下の利益を考えさせる効果はある。すでに述べたように、ヒューレット・パッカードは外部からCEOを登用して不幸な結果を招く以前は、直属の部下による評価をマネジャーの実績評価に取り入れていた。きちんとした基準に基づいて部下に評価されることが、マネジャーにとっては職場に配慮する効果的なインセンティブになっていたのである。SASインスティチュートは、優秀な人材を惹き付け、かつ定着させられる能力を評価項目の一つにしている。このような企業文化がしっかりと根付いていれば、部下を顧みないリーダーは、たとえビジネス面での業績がよくても長く地位を維持することはできない。

リーダーに部下を思いやることを期待するなら、そうしているかどうかを測定し、測定結果に対して説明責任を持たせることが欠かせない。たとえば人工透析サービスのダヴィータは、測定に基づく実績評価を全社で行っており、「部下に対する態度」も測定項目の一つになっている。

ダヴィータは、シニア・マネジャー候補者の能力開発プログラム「レッドウッズ」を用意している。従来同社では現場のリーダーの多くが看護師だったが、最近になって人材の幅を広げるためにＭＢＡの採用も開始した。すると能力開発プログラムの担当者自身がＭＢＡであったせいか、プログラムの受講対象者として選抜される社員がＭＢＡに偏りがちになってしまう。しかしダヴィータではプログラム受講者の統計調査も実施していたため、この偏りにすぐに気づき、事態が是正されなかったため担当者は解雇された。後任者は看護師もＭＢＡもそれ以外のグループも公平に扱い、均等に昇進の道が開かれるようになっている。

このように、適切な測定とインセンティブにはかなりの効果が期待できる。リーダーの地位と報酬が、一部なりとも部下に対する思いやりで決まるとしたら、リーダーは必ずそれを意識するようになるはずだ。そのほうが、リーダー個人の寛容の精神にひたすら期待したり、リーダーシップ本の忠告に頼ったりするより、よほど効果的である。部下を思いやることであれ、何であれ、本気でリーダーに何かをさせたいなら、そうすべき具体的な理由を与えなければならない。

また、問題の一因がリーダーと平社員との心理的な距離にあるとすれば、これを縮める方法はちゃんと存在する。一つは、単純明快なマネジメント・バイ・ウォーキング・アラウンド（ＭＢＷＡ）、すなわち現場を歩き回る経営スタイルである。このスタイルは何十年も前から議論され、多くの人が賛同している。[*21]

もう一つは、リーダーに現場体験をさせることだ。ダヴィータでは「リアリティ１０１」というプログラムを設け、副社長に昇格したら、生え抜きであれ外部からの登用であれ、人工透析センターで一週間働くことになっている。視察ではなく、実際に仕事をする。サウスウエスト航空では、役員クラスは四半期に一日、現場の社員に交じって仕事をする。また靴を中心とする通販のザッポスでは、新しく採用された社員は地位の上下を問わず、自社の倉庫でカスタマー・サービスのトレーニングを受ける決まりだ。

幹部と平社員の距離を縮めることと関連して、生え抜きの社員の抜擢も最近は重視されるようになってきた。特徴的な企業文化を誇る企業ではとくにその傾向が強い。生え抜きのほうが文化の維持に対する理解が深いからだ。また社員に対して、内部の人間を大切にしているというシグナルを送ることにもなる。これは、内部の優秀な人材にモチベーションを与え、社外への流出を防ぐことにもつながるはずだ。

もう一つ有効な方法は、昇進させる社員には、キャリアのどこかの時点で必ず会社の主要業務を、つまり製造業なら製造を、サービス業ならサービスを経験させることだ。こうすればリーダーは現場の社員の苦労もよく理解できるし、正しく評価できるようになるだろう。

部下を思いやるリーダーになれ、とお題目のように唱えても、さして効果は望めまい。それよりも、リーダーと部下との関係を律する心理的な要因を見きわめ、そこに働きかけていくほうが効果的である。適切な測定とインセンティブを導入すれば、リーダーの部下思いの行動を評価し、報いることが可能だ。そうすれば、すくなくとももうすこし多くのリーダーが「最後に食べる」ようになるだろう。

第7章

自分の身は自分で守れ

一流ビジネススクールで終身在職権を保証されたある教授が、実績評価と翌年の報酬交渉のために副学長と面談した。大学やビジネススクールというところは、一般企業に比べれば生き馬の目を抜くようなところではないし、すくなくとも短期的なパフォーマンスを重視する場所ではない。加えて、知名度の高い大学には資金も潤沢にあるのだから、個人間の競争や駆け引きもさほど激しくない。

この教授は、自分は学生指導や講義でも研究実績でも高い評価を得ているにもかかわらず、報酬がこんなにすこししか上がらないのはどうしたわけか、と談判した。副学長の答はこうだ。本校を含めてビジネススクールはどこも、大方の学部より高い給与を教員に払っているし、教員の報酬もまずまず平等になっている。ビジネススクールの予算のうち、報酬の増額に充当する分については、大学当局から制限されているのでどうにもならない。要するに、昇給はめったにないから期待するな、ということである。

追い討ちをかけるように副学長は続けた。ビジネススクールとしては、この限られた予算を、将来本校を背負って立つ人材を引き止めるために使わなければならない、と。このメッセージに込められた意味ははっきりしている。あなたの実績や過去の貢献はまことにすばらしい。しかし年齢やキャリアを考えれば、あなたはすでに過去の人であって、未来の人ではない。どんな組織もそうだが、われわれも未来のために投資しなければならない。だから、限られた予算をそのために使う必要があるのだ、以上終わり。

自分は大いに会社に貢献した、だから会社は自分に感謝してしかるべきだと思っている人は、考えを改めたほうがよい。昇給をけちるのも、レイオフを繰り返すのも、あれこれと経費を節減するのも、企業が、いや企業だけでなく政府機関も非営利組織も、生き残りと将来の繁栄が懸かっているからだ。つまり組織は自分の身を守り自己利益を追求している。大手出版社の編集長が、過去に何百万ドルもの儲けを会社にもたらしたにもかかわらず予告なくクビになるのは、こうした理由からである。

前章でも述べたように、リーダーは我が身の安全を第一に考える。おそらく第二、第三にも我が身のことを考えているだろう。となれば、結論はあきらかだ。あなたも、そうしなければならない。

自分の努力と勤勉は必ず認められ、評価され、報われると期待している人は、そろそろ自分で自分をだますのをやめなければならない。もし自分の功績と忠誠心に対して報奨や地位が約束されるという暗黙の契約が存在すると考えているなら、そういう暗黙の契約はけっして守られないと肝に銘じるべきだ。それどころか、雇用の約束すらおぼつかないのである。会社が暗黙の契約を破ることに関しては、ちゃんとデータも存在する。たとえば、ビジネススクールの卒業生一二八人を対象に行われたある調査では、採用時にした約束を会社が守ったかどうかを採用二年後に確認した。すると回答者の五五％が、採用面接やその後に会社がした暗黙の約束は守られなかったと答えている。[*1]

こうした例は、なにも雇用主と社員の関係に限らない。カイル・ハードリックはオクラホマ大学のバスケットボール選手だったが、膝を負傷した際に医療費を自前で払わねばならず、しかも学費も負担しなければならなくなった。大学が奨学金の更新に応じてくれなかったためである。[*2]

この種のことはのべつ起きている。全米大学体育協会（ＮＣＡＡ）によると、大学側は病気や怪我を理由に奨学金を打ち切ることは認められていない。しかし「多くの大学が運動選手には一年ごとに更新する奨学金を適用しており、大学側に選択権がある」という。実際にもほとんどの大学が、プレーのできなくなった選手には支援を打ち切っている。たとえ過去に勝利や学校の知名度アップに貢献しようと、またその怪我が試合や練習中に起きたものであろうと、おかまいなしだ。[*3] 大学も企業と同じで、貴重なリソースは、将来の成功に役立つ人間に使いたいのである。怪我をしてプレーできなくなった選手は、将来の役には立たないという冷徹な論理だ。もちろんプロスポーツも同じである。過去の栄光はどうあれ、もはやコストに見合わなくなった選手は、あるいは戦力外通告を受け、あるいはトレードに出される。

系統的なデータや大学、企業、プロスポーツなどさまざまな組織での事例を見れば、結論はあきらかだ。組織の善意や寛容に期待するのは、端的に言って愚かなことである。

こう言っても、もののわかった人にとっては驚きではあるまい。四〇年以上にわたってアメリカの企業は従業員に対し、社員は会社の宝であり、社員あっての会社だと言い続けてきた。そして社員が仕事を通じてスキルを身につけるだけでなく、より高度なスキルを習得できるよう支援すると約束してきた。だが書面による正規の雇用方針や従業員ハンドブックには「退職および解雇自由の原則」が明記されているはずだ。これは、雇う側と雇われる側どちらも、いかなる理由であれ会社を自由に辞められる、辞めさせられることを意味する。[*4] つまり会社は社員に雇用を約束などしていない。その社員がいかに優秀であっても、また過去の実績や会社への貢献度がいかにすばらしくても、である。

もちろん、少ないながらも例外はある。組合の労働協約で守られている場合には、雇用はかなりの程度保障されていると考えてよかろう。会社側が解雇や不当な仕打ちをしようとしたら、法的手続きに訴えて勝つ可能性も高い。また、ヨーロッパの一部の国では、雇用保障がアメリカよりも手厚い。アメリカの中でも州によってちがいがあり、カリフォルニア州は他州よりましなようだ。

さらに、企業によるちがいもある。一部の企業は社員を公平かつ公正に扱うことを謳った内規を自主的に定めている。部下の忠誠心を高く評価し、多くの犠牲を払った部下を厚遇することにかけて抜きん出ているのは、何と言っても軍隊である。だが言うまでもなく、軍が過去の貢献を称揚するのは、そうしないと兵士の意欲を高め、共通の目的のために尽くす気持ちにさせることができないし、人材を集めることもできないからだ。しかし軍でさえ、人員削減が行われることを忘れるべきではない。

企業の場合にも個人の場合にも、取引相手から「過去にあなたは私に何をしてくれたか」を問われることはめったにない。相手が気にかけるのは、「将来に何をしてくれるのか」ということである。これは避けがたいことだ。利益追求組織であれ、非営利組織であれ、組織というものは存続と繁栄を確保しようとするし、またそうあるべきだからである。会社が危ういとなれば、ただちに人員整理もするだろう。株価を上げるため、投資アナリストを喜ばせるためだけに、そうすることもありうる。[*5] 例外はあるにせよ、職場はなかよしクラブではない。みながお互いに気を遣い、助け合い、目的に向かって一丸となって努力するところではないのである。「働きがいのある会社」にランクインするような企業では、おそらくそうしているのだろう。だが、あなたの会社がランキングに名を連ねていないなら、無用の期待をすべきではない。

「持ちつ持たれつ」の精神は、もはや消えた

教え子の一人（リンダと呼ぶことにしよう）が涙声で電話をかけてきた。家庭の事情でどうしても働かなければならないのに、クビになるかもしれないという。どうやら、新しい上司に対して歯に衣着せずにものを言ったのがよくなかったらしい。

そう、上司が代わったのである。リンダを気に入って採用した元の上司は、彼女をいつも高く評価してくれていた。だが会社の組織再編によりその上司は異動し、もはや後ろ盾は期待できない。私はリンダに質問した（もちろん実際にはもっとやさしい口調で話した）。「君はどうするつもりなのか。働き続けなければならないとしたら、選択肢は二つしかない。一つは、これからすぐに新しい仕事を探すことだ。いまの会社の中で別の部門の空きを探してもいいし、転職の機会を探ってもいい。とにかく、いまの仕事を続けながら、アンテナを張ってチャンスを掴む。もう一つは、新しい上司と折り合いをつけることだ。ただし、いまどきは雇用の保証など期待できない。解雇される覚悟をしておくことは必要だ」。リンダの答はこうだった。「私にはマーケティングの専門知識も経験もあるし、先見性も分析能力も備えている。この仕事はまさに適職だから辞めたくない。これまで高く評価されてきたのだし、

実力があるのだから、そうかんたんに私をクビにできるとは思えない。だから、この仕事を続ける」。やれやれ。最悪の選択である。

これは、リーダーシップ教育産業の悪影響の一つと言うべきだろう。彼らは博愛や寛容の存在を前提にしているか、それを期待している。リーダーは高潔で責任感があると想定されており、部下は自分の仕事をきちんと果たす限りにおいて、そうしたリーダーを信頼してよいものとされている。だが現実はそうではない。なぜなのか、説明しよう。

なぜ会社ではがんばっても報われないのか？

ここまで読んできた読者は、困惑されたことと思う。一方では、企業は会社に長い間尽くしてきた社員もあっさり切り捨てることを数多くの証拠が示している。この点では大学スポーツも同じで、長く活躍した選手でもさっさと見限ってしまう。しかし他方では、「持ちつ持たれつ」という言葉がある。恩を仇で返してはいけないともいわれている。これはどんな社会でも普遍の行動規範だ。[*6] 持ちつ持たれつの精神こそが人々の協力をたしかなものにするのであり、学者の中には、人類はこの精神を無意識のうちに受け入れて行動してきたから進歩したのだと言う人もいる。[*7] この精神はどこへ行ってしまったのか。

実際には、ごく単純なことである。人間は、個人と個人の関係では恩を仇で返すようなことはしないが、会社をはじめとする組織の場では恩に報いる気持ちが薄れ、それが行動に表れるということだ。ピーター・ベルミと私は、このことを確かめる一連の実験を行った。[*8] そのうち二つでは、組織または個人的な関係において、こちらから頼んでいないのに誰かが親切をしてくれたという設定にした。そして実験参加者がその親切にどのように恩義を感じたかを回答してもらった。第一の実験は、誰かがディナーに招待してくれ勘定を払ってくれたという設定、第二の実験は、旅行から帰ってきたとき、空港に迎えに来てくれ自宅または会社に送り届けてくれたという設定である。どちらの場合にも、個人的な友人にそうしたもらったときには、次の機会にお返ししなければと感じるが、所属する組織の上司や同僚であればそうは思わないという結果が出た。

もちろんこれは実験であり、仮定のシナリオにすぎない。次の実験では、実験参加者に高価な賞品の当たるくじ引き券を配り、親切な申し出をしてくれた相手にそのくじ引き券を渡してもらうことにした。すると、組織での親切に対して渡す券の枚数は、個人的な親切に対して渡す枚数よりかなりすくなかったのである。このように、組織における人間関係では、恩に報いる気持ちが薄れる傾向にある。

さらにもう一つの実験では、ある仕事に対して予想していたより多くの報酬をもらった場合、感謝の意味を込めておまけでもうすこし仕事をしてあげるかどうかを訊ねた。この場合にもまた、個人的な関係ではもうひとがんばりするが、組織ではしないと答えた人が多かった。

このように、個人的な関係と組織の場では、恩義を感じる度合いにかなりの差がある。職場では恩に報いることがすくなく、暗黙の約束がかんたんに破られるのは、このことで説明できるだろう。

そもそも「持ちつ持たれつ」の原則は、他人から受けた親切や好意に対する道義的義務について述べたものである。だが以前に社会心理学者のロバート・チャルディーニが語っていたとおり、雇用関係にそうした道義的義務があるかどうかは、大いに疑問だ。なるほど、社員は会社のために熱心に働き、長い年月を会社の繁栄のために捧げるかもしれない。だが会社はそうした勤労と努力に対して報酬を払っている。となれば、会社としては社員に恩義を感じる謂《いわ》れはなかろう。これはあくまで労働とお金の交換にすぎないことになる。

自由な競争市場とされている労働市場においては、雇う側にも雇われる側にも、建前上は選択肢がある。だから雇用契約が成立するときは、双方がフェアな取引だと認めたときのはずだ。言い換えればこれはフェアな交換であり、一方が他方に対して道義的義務を感じるべきものではない。

さらに、企業をはじめとする組織の場合には将来的な配慮が優先されるため、人間関係が打算的になり、収益性や有用性が重んじられ、取引関係により近くなる。友人知人や隣近所のおつきあいといった関係では、お互いに公平に相手を扱い、親切にしてもらったらこちらも親切にするというのがふつうである。だが職場などでは、この人は将来役に立つか、自分にとって有益か、といったことに基づいて相手を判断しがちだ。そこで、過去の献身より将来の貢献度に注意を払うことになる。

以上の点は、日頃大方の人が感じていることを裏付けるものと言えるだろう。すなわち職場というのは計算高く、利益優先で、道義心とは無縁であり、さらに言えば通常の行動規範にさえ縛られない、ということである。要するに、あなたが将来役に立つと見なされている間は、会社はあなたを厚遇する。だがこの先もうあまり役に立ちそうもないと判断した瞬間に、あなたの過去の貢献は無視されるのである。

にもかかわらず、なぜ人はリーダーを信じてしまうのか

これだけ証拠がそろっているにもかかわらず、多くの人が会社を信じ上司を信じたがっているように見える。いったい、なぜだろうか。

答の一つを与えてくれるのは、ドイツの心理学者エーリッヒ・フロムが一九四一年に書いた著作『自由からの逃走』（邦訳は東京創元社刊）である。[*9] 同書の中でフロムは、なぜ人間がヒトラー政権のような独裁体制を自ら支持するのかを解き明かそうとした。そして、制度あるいは他人によって課されていた制限や束縛から解き放たれたとき、人間が必ずしもその自由をよいものとは考えないこと、それどころか多くの人は自由に戸惑い、束縛されていない状態を居心地悪く感じると指摘する。自由に伴うそうした居心地の悪さを減らそうとして、人々は何かに従属したり、破壊行為に加担したり、独裁制を支持したりするという。

クレアモント大学院教授のジーン・リップマン＝ブルーメンは、著書『有害なリーダーの魅惑』の中で、フロムの分析を一段と発展させている。[*10] 世の中には、エンロンからワールドコムにいたるまで、組織を破滅に追いやる悪いリーダーがあまたいる一方で、そうしたリーダーの途方もない愚行に熱狂的に付き従おうとする追随者が大勢存在することも、また事実だ。リップマン＝ブルーメンはその原因を突き止めようとしたのである。

同書の分析によると、人間というものは生きている間中、誰かしら付き従う相手を求めているのだという。もちろん、悪いリーダーを求めるわけではない。よいリーダーについていくことを望んでいる。というのも人間は、安心や安定を求めるからだ。自分のことは何でも自分で決められる状態、つまり自主独立は、手に入れるまではすばらしい。だがそれを手に入れてしまうと、今度は安心や安定を、さらには導いてくれる人が欲しくなる。そして、たとえば会社のような大きな集団に属することで、それを得ようとする。リップマン＝ブルーメンは、これは子どもの頃に両親の手で守られていたことに起因する、とフロイト流の分析を行っている。大人になって親による保護を失うと、今度は職場の上司といった権力者による庇護を求めるようになるというわけだ。

また、リーダーは人間の根源的な必要を満たす存在でもあるという。人間は社会的な動物である。だから、戦争の捕虜、さらには囚人を痛めつけるために真っ先にするのは、社会と接触できないよう隔絶することだ。人間は仲間はずれにされることを極度に恐れる。ティーンエイジャーのいじめでよく仲間はずれが行われるのも、ここに原因がある。そこで、自分を仲間に入れてくれ守ってくれる強力なリーダーのいる集団に所属しようとするのである。

人間には、自分に目をかけてくれ、特別扱いし、取り巻き集団に入れてくれるリーダーにとくに強い恩義を感じる傾向もある。まさにエンロンでは、それが行われていた。ドキュメンタリー映画のタイトルどおり「できる男たち」（邦訳タイトルは『エンロン――巨大企業はいかにして崩壊したのか？』）がすべてを仕切っていた。とはいえこれは、エンロンに限った話ではない。人間誰しも自分は「できる」と思いたい。その自尊心をうまく満たしてくれるようなリーダーがいれば、すっかりいい気分になり、無条件に従いがちだ。そしてリーダーの行動や動機をうるさく詮索しようとは思わなくなる。

また人間には、認知的不協和を避けようとする心理が働く。認知的不協和とは、個人のもつ二つの情報の間に不一致が生じることを指し、このような場合には不一致を低減する行動が起こる。たとえば喫煙は肺ガンの原因になるという情報に接した愛煙家は、その情報を否定して不一致を低減しようとする。認知的不協和は、職場でひんぱんに見受けられる。たとえば私が自分である会社を選び就職したとしよう。ところがその会社の経営者は金に汚い不誠実な人物だと誰かに言われた。これは重大な認知的不協和である。自分が選んだ職場をそうかんたんに変えるわけにはいかないので、あとの情報を否定し、とんでもない、立派な経営者だ、だから私はこの職場を選んだのだ、と信じ込むというわけだ。

リーダーは正しいと思い込むことを含め、人間が自分で自分をだますやり方はじつにさまざまで、それだけで一冊の本が書けるほどである。さしあたりここでは、人間はリーダーを批判的に見ようとせず無条件に信頼しがちであり、リーダーがどういう人物でどういう行動をとっているのかをしっかり見届けようとしないのはなぜか、理解する手がかりを得ていただければよしとしよう。

よいリーダーは永遠ではない
——頼りすぎはキケン

二〇一三年六月二二日のアンカレッジの新聞は、「紳士服チェーンの従業員が創業者である会長の解任に抗議してストライキを実行した」と報じた。メンズ・ウェアハウスの社員は一致団結して、取締役会が決定したジョージ・ジマーの更迭に猛反発したのである。彼らは店舗の前でピケを張ったが、新しい経営陣が警察を呼ぶぞと脅すと、さっさと家に帰ってしまった。[*11]「私たちはジョージのサポーターです……彼はいつだって私たちと一緒でした」とアシスタント・マネジャーのティファニー・カーリングは語っている。「彼は私たち全員を家族のように扱ってくれました……彼からはたくさんのことを直接教わりました」[*12]。

社員がジマーを信奉し、彼の作った企業文化を愛したのは、意外ではない。小売業界というところは典型的な低賃金産業である。二〇一四年の小売業の事務職と販売員の時給は、平均の六〇%にしか達していない。しかも小売業ではパートタイム労働者が多い。彼らの労働時間（したがって給与）は、シフト作成プログラムで割り当てられており、予想される来店数に対して販売員の数が多すぎないよう、かつ労働時間数が多すぎて利益を浸食しないよう、計算されている。小売業で働く人たちは、たとえ正社員になれたとしても、食べていくのがやっという状況だ。なにしろファストフード・フォワードをはじめとする労働者保護団体が、労働条件の改善や権利保護を求めて運動を起こすような業界なのである。

そうしたなか、メンズ・ウェアハウスは他の小売りチェーンよりも高い給与を払い、パートタイム労働者の雇用を抑え、十分な教育研修を行い、昇進の機会を与えていた。だから社員の忠誠心は高く、転職率はきわめて低かった。彼らは、自分たちが恵まれた労働環境にいることをちゃんとわかっていた。

ジマーが会社を去ってすぐに企業文化は変わり始め、もはや「社員第一」ではなくなった。メンズ・ウェアハウスで働く一万五〇〇〇人の社員の世界は、何の予告も事前の相談もなく、悪いほうへと変化したのである。リンダの場合と同じだ――経営者はいつまでも経営者ではなく、上司はいつまでも上司ではない。しかも経営者にせよ、上司にせよ、同じ価値観、同じ資質を持つ人間と交代する保証は何もないのである。

この種の例は枚挙にいとまがない。たとえば、同族経営だったエンジン部品のフェールプロ（イリノイ州）は、急成長中のフェデラル・モーグルに七億二〇〇〇万ドルで買収された。こうして社員思いの経営者は利益率と株価を最優先する標準的な経営者に交代し、企業文化も大きく様変わりする。またバンクロフト一族が経営していたウォール・ストリート・ジャーナルは、ルパート・マードック率いるニューズ・コーポレーションに買収されてから、労働環境が激変した。生え抜きの社員が大量に辞めていったことが、それを雄弁に物語っている。

相続税を払わねばならない、資金繰りが苦しい、非公開企業が上場した等々、経営者をめぐってはさまざまな事情があり、いかによい経営者といえども会社を手放さざるを得なくなることはある。だから従業員が完全に所有する会社でない限り、経営者も企業文化も安泰とは言いがたい。世の中にはいろいろなことが起きるものである。会社が身売りすることもあれば、経営者が死ぬこともある。

そして新しい経営者が昔の経営者と同じということはない。とりわけ、社員に対する姿勢や社員の処遇が同じだと期待すべきではない。ＳＡＳインスティチュートは、ずっと株式公開に抵抗している。ＣＥＯのジム・グッドナイトが、現在の社員中心の家族的な文化に株式公開がおよぼす影響を懸念しているからだ。彼が実権を握っている間は、社員の忠誠心や愛社精神が揺らぐことはあるまい。だが、彼に永久にＣＥＯでいてもらうことはできない。ＳＡＳの社員であれ、誰であれ、そんなことはできないのである。

それに、たとえ交代しなくても、よき経営者がつねによき経営者でいられるわけでもない。ビジネスには経済的現実というものがあるからだ。スターバックス・インターナショナルの前社長で長らく取締役会のメンバーも務めたハワード・ビーハーは、コンシャス・キャピタリズム会議の折に、数十年におよぶ仕事人生を捧げた会社を去ることにしたわけを話してくれた。二〇〇七年の金融危機のあおりで、スターバックスの売り上げは大幅に減少した。赤字になったわけではないが、利益も減ってしまった。そこで同社は、利益率と株価をなんとか維持するために、数千人を解雇した。厳密に存続のために解雇しなければならなかったわけではなく、業績維持のためにそうしたのである。ビーハーはこの決定に同意できなかったし、この決定はスターバックスの真の価値を損なうものだとも感じられた。そこで辞任したのだと言う。

同じ会議のパネル討論では、大成功を収めた高級ホテル・チェーン、ジョワ・ド・ヴィーヴルの創業者チップ・コンリーがチェーンを売却したいきさつを語った。これほど大規模なチェーンの場合、不況に直面すると、コスト削減をせざるを得ない。大きくなりすぎると、ニッチ市場でひっそり生き延びるというわけにはいかないからだ。そこでやむなくジョワ・ド・ヴィーヴルは大量解雇に踏み切った。だがコンリーにとって社員を解雇するのは身を切られるように辛いことだった。職を失うことの金銭的打撃と心の痛手が彼にはよく理解できたのである。また不況になったら、また社員を解雇することになるだろう。それぐらいならいっそ売ってしまうほうがいい。というわけでコンリーはホテル・チェーンを売却し、自身も経営現場から距離を置くことにしたのだった。

このように、いかにすばらしい企業文化も、いかによきリーダーも、いかに条件のよい職場も、永遠に完全無欠ではない。リーダーの価値観や善意にいつまでも頼れると信じている人がたくさんいるようだが、そう思うこと自体が危険なのである。

そもそもリーダーに依存しないシステムをつくれ

私の知っているリーダーなら全員が同意すると思うが、リーダーというものは完全でもないし永久でもない。となれば、そうしたリーダーが引き起こす問題の解決策は二通り考えられる。一つは、リーダーの育成に力を入れることだ。これは、リーダーシップ教育産業が大賛成する方法である。能力開発や研修教育を強化し、リーダーの選抜方法をより高度化することによって、より利他的で高潔で謙虚で誠実なリーダー予備軍を育てることができるというわけだ。

たしかに、それができるならけっこうなことである。この解決策の可能性がリーダーシップ教育産業を大いに活気づけていることはまちがいないが、本書ですでに述べた心理学的・社会心理学的理由から、うまくいかない可能性が高い。すくなくとも、継続的に結果を出せるとは期待できない。

だが、もう一つの方法がある。これは、デミングの品質管理（QC）運動の延長線上にあるものだ。たとえば航空機事故が起きたら、いや事故までいかなくても事故寸前の事態が起きたら、航空機の設計を見直し、必要であればやり直して、そうした事態が二度と起きないように策を講じるのがふつうだろう。そのためには制御系統を手直しすることになるかもしれないし、バックアップを強化することになるかもしれない。要するに何かしら修正を施して、操縦する人間や整備する人間がミスを犯さないようにする。このアプローチは、品質管理運動の精神と完全に一致するものだ。この運動では、個人のスキルに頼るのではなく、システムそのものの安全性や確実性を向上させようとする。言い換えれば、ごくふつうの勤勉な人間が確実に望ましい結果を出せるような環境を整える。

数理統計学者のエドワーズ・デミングらは、システムのパフォーマンスを継続的に高水準に保つには、個人の意欲や能力に頼っていてはだめだということに気づく。システムのパフォーマンスや品質に問題がある場合には、そのシステムの設計上、必然的にその問題が発生したのではないかと考え、原因を突き止め、設計上の瑕疵《かし》を正すことが大切だとデミングは主張した。かんたんに言ってしまえば、システムを動かす人間には必ずどこかに欠点があるに決まっているのだから、人間のせいにするのではなく、システムを直して問題を解決せよ、ということである。

現時点の組織は、強力な権力を握るリーダーをうまく選べるかどうか次第で、社員の運命が決まってしまうようなガバナンスになっている。しかしどんな種類の組織でも、ガバナンスを設計し直す方法はたくさんある。重要なのは、リーダー依存度の低いシステムを構築し、より多くの決定権を組織の構成員、とくに社員に委譲することだ。そのようなシステムには、社員持ち株制度、労働者に対する正規の交渉権の付与（たとえばヨーロッパ各国における労使協議会、他の国でも組合など）、権力分散型の雇用システムの確立、パートナーシップ会社で見られるような社員によるリーダーの選定などが含まれる。

権力が分散され、より適切なバランスになれば、善きにつけ悪しきにつけ一人の人間が途方もないことを一人で決めるような事態は減るはずだ。しかしこのアプローチがこれまでほとんど無視されてきた一方で、よきリーダーを求める声がますます強まっているのは興味深い。だが望むだけでは職場は改善されず、リーダーのクオリティも向上しない。「集合知」[*13]に軸足を置いたガバナンス・システムをめざす動きがいっこうに進まず、自己中心的でないリーダーの出現は期待薄だとなれば、自分のことは自分で気をつけるほかないように思われる。それに次節で述べるように、誰もが自分の身は自分で守るシステムのほうが、そこで働く人にとっても、システム自体にとっても、よいパフォーマンスを発揮できる。すくなくとも一定条件の下ではそうだ。

他人は自己利益に基づき行動する。あなたもそうすべき

リーダーがのべつ悪しきふるまいをするようであれば、とりわけ自己利益の追求にかまけるようであれば、部下はどうすべきだろうか。それに、たとえ誠実でよきリーダーであっても退任することがあるし、経済状況が変われば方針を変えざるを得ないこともあり、いつまでも頼りになるわけではない。となれば、どうすべきか。私の答は、こうだ。会社が何十年も前からやってきたこと、アダム・スミスの時代以来経済の基本原則とされていることをやりなさい。それはつまり、自分のことは自分で気をつけ、自分の利益は自分で守ることである。

社会心理学者のデール・ミラーは数年前に「自己利益の原則」というものを分析している。この原則は「持ちつ持たれつの原則」よりも強力で、多くの人の行動はこちらに従っていると考えたほうが裏切られることがすくないという。[*14] ミラーは、大方の人の行動は自己利益の原則で説明できると述べている。というのも、他人は自己利益を追求していると誰もが考え、それに基づいて自分の行動を決めるため、結果的に自己利益の原則がつねに成り立つことになるからだ。

何かが原則や規範となっているかどうかは、それに反したときに何らかの制裁を受けるかどうかでわかる。自己利益を追求する行動は、まさにこれに該当する。たとえば、ミラーとレベッカ・ラトナーは四種類の実験研究を行って、次のことを発見した。第一に、大方の人は、自分が何の利害関係もない（すなわち自己利益とは無縁の）ことに賛同したり支援したりしたら、周囲から理解を得られないだろうと考えている。第二に、誰かが当人の利益にならないような行動をしているのを見たら、たいていの人は驚き、さらには怒りを感じる。第三に、何らかのことが自己利益に適うと説明された場合には、そのために行動を起こすことが心理的に楽になる。[*15]

自己利益の追求が生まれながらの本能的な行動なのか、社会的規範に沿うためのものなのかは、学問的に興味深いところだが、それはともあれ、この分野の多くの研究の結論ははっきりしている。他人は自己利益に基づいて行動すると考え、他人の行動をそのように予想するほうが身のためだということだ。

読者の中には、誰もが自己利益を追求するわけではないはずだ、とお考えの方もおられよう。もちろん、そのとおりである。実際、社会的な行動に関する限り、すべての人に当てはまるとか、つねに当てはまるということはまずあり得ない。本書でも何度も述べているように、部下思いのすばらしいリーダーはたくさんいるし、信頼と意欲に満ちた人間的な職場もたくさんある。問題は、それがどの程度の比率で存在するのかということ、そして本書の観点からすれば、その比率をどれだけ引き上げられるのかということだ。そのためには現実を見つめ、どうしてそうなのかを理解しなければならない。

アダム・グラントは、ベストセラーになった著書『GIVE & TAKE』（邦訳は三笠書房刊）の中で、自分の時間を惜しみなく使って他人を助ける「与える人（giver）」は、人脈作りに成功し、結局はキャリアでも成功を収めると主張する。[*16] とはいえグラントは自身の研究も含めてこの分野の研究を概括した結果として、与える人がつねに成功するとは限らず、まったく成功していないケースもあると認め、だまされたり利用されたりせずに与える方法を考えなければならない、ともアドバイスしている。さらに重要なのは、「職場には『与える人』はめったにいない」と述べていることだ。[*17] したがって、「与える人」が都合よく自分の周囲にいると期待すべきではない。

また、協調的な文化というものはとても脆いという研究結果もある。たしかにゲーム理論の分野で有名な「囚人のジレンマ」は、協力と信頼がいかに当てにならないかを端的に示している。個人的な価値判断が入り込んだり、[*18] 相手を疑ってかかったりしたら、[*19] もはや協力と信頼を再構築することは、不可能とは言わないまでもきわめてむずかしい。

これまでのところ、私は自分の身を守るという観点から、自己利益の追求を奨めてきた。

だが自分の利益は自分で守るということには、規範的な意味合いもある。自己利益の追求は、職場をはじめ社会的な場を律する効率的な枠組みとなりうるのである。その理由は三つある。

第一に、多くの人、とくに先進社会で生まれ育った人は、政体として民主政体を好む。アメリカの場合、世界中に民主主義を広めようとしているほどだ——その多くは失敗に終わったが。たしかに民主主義はけっしてスマートではない。ときになかなか物事が決まらず、非効率である。それに、善きにつけ悪しきにつけ、選挙至上主義に陥りやすい。そもそも選挙政治を生んだのは民主主義である。だがウィンストン・チャーチルが独特の言い回しで述べたように「民主主義は最悪の政治と言える。これまで試みられてきた民主主義以外のすべての政治体制を除けばだが[*20]」。

民主主義では、リーダーの選択権は基本的に国民にあり、リーダーは統治される者の同意に基づいて統治する。民主主義の対極に位置づけられるのが独裁である。歴史を振り返ると、社会の進歩を導いた聡明な独裁者はすくなくない。だからといって、自国の独裁者がジンバブエのロバート・ムガベにならずにシンガポールのリー・クアンユーになることに賭けるのは、あまりにリスクが大きい。ここで重要なのは、政治経済学の多くの理論で、有権者の好みは合理的な自己利益の計算に基づいて決まるとされていることだ。

統治形態としての民主主義は、政府では信奉されていても、企業ではそうではない。統治される者（社員）の同意に基づいて統治するというあの高貴なルールもないし、所有者（株主）の同意に基づいて統治することも、ごく稀な状況以外ではほとんど行われない。法律事務所、会計事務所、コンサルティング・ファームなどのパートナーシップ形式の組織では、リーダーを投票で選ぶことがある。スペインのモンドラゴン協同組合企業、イギリスの百貨店ジョン・ルイス・パートナーシップもそうだ。どちらも大規模な組織だが、一般には大きな組織でこのような方式をとる例はきわめて稀である。

どうやら企業組織では、リーダーは民主的あるいは準民主的な手続きで選抜・解雇するよりも、指名方式のほうがよいと考えられているらしい。だが自己利益に基づいて行動する有権者による投票が、結局は他のどんな方式よりもよい結果をもたらすと大勢の人が考えているし、社会科学の学説の大半もそう主張している。にもかかわらず、経済主体である企業の内部では、しかも大企業ともなれば小さな政府ぐらいの規模があるにもかかわらず、ちがう考えがまかり通っているように見える。これは、控えめに言っても興味深い。選挙政治において自己利益が重要な動機であるように、多くの面で政治的主体である企業においても、自己利益は重要な動機だと考えられる。

第二に、政治のみならず経済においても、制度設計では自己利益を念頭に置かなければならない。アダム・スミスが『国富論』で示したあの有名な原則は、現代でも生きている。「われわれが食事ができるのは、肉屋や酒屋やパン屋の主人が博愛心を発揮するからではなく、自分の利益を追求するからである。人は相手の善意に訴えるのではなく、利己心に訴えるのであり、自分が何を必要としているのかではなく、相手にとって何が利益になるのかを説明するのだ」。

経済分析の多くは、経済に参加するプレーヤー一人ひとりが自分にとって最善のことをすれば、生産コストは最小化され、モノやサービスの品質は向上し、賃金を含めたモノの値段は公正に決定されると結論づけている。競争市場に必要なのは、十分な参加者がいて、各人が自己利益を追求することだけである。そうしたシステムの下では望みうる最善の結果が生まれる、と経済学は教えている。

各人が勝利をめざす競争は、経済だけでなく生活の多くの場面で行われているが、いずれも好ましいものとして奨励されている。競争を是認する代表的な意見として、鉄鋼王アンドリュー・カーネギーの言葉を紹介しよう。「競争原理はときに個人にとって苛酷かもしれない。だが人類にとっては最善の原理である。なぜなら、どの分野でも最適者だけが生き残るからだ」。

このように、社会では競争は一般に好ましいものと見なされているが、ここでもまた、企業の内部ではそうではない。そこでは互いに競争するよりも協力することを求められる。しかも、ここが重要だが、リーダーに協力することを求められるのである。より正確に言えば、リーダーの利益を自主的に優先し、リーダーの命令に従うことを求められる。リーダーがみな部下の幸福を優先し、組織の繁栄のために尽くすのであれば、そのリーダーに協力することはたいへんけっこうだ。だが本書でさんざん見てきたように、リーダーは自分の利益を追求する。となれば、部下が同じことをせず、自分で自分の利益を守らないのは、まったく理屈に合わない。

第三に、自己利益の追求に基づく政治・経済システムには、よりよい決定と効率の向上にのほかにもメリットがある。それは、自分の利益は自分で守り、自分の幸福は自分で責任を持つよう促すことによって、各自が自分のことをよく考え、より自立した大人になることだ。いかにすぐれたリーダーでも、人間である以上、完全ではない。だから、すぐれたリーダーに付き従うよう奨励するのは、欠陥のある人間を全面的に信頼するよう奨励することにほかならない。これでは、本来なら一人前の人間を、ある意味で幼児化させるようなものではないだろうか。

すでに述べたように、多くの人は自ら積極的に誰かに従属しようとする傾向がある。力強い立派なリーダーの取り巻きになり、庇護を受け、自分も大物になった気分を味わいたいと思っている。だが多くの人が「自由からの逃走」を試みるからといって、それが本人にとってよいことだとは言えない。企業にとっても、広く社会にとっても、である。

よって結論は、こうなる。もしいま読者が、互いに助け合う職場環境と部下思いのリーダーに恵まれているなら、その貴重な瞬間を存分に謳歌してほしい。だが、どこもそうだと思ってはいけないし、現在の状況がずっと続くと期待すべきでもない。世界は往々にして公正ではないのであり、そうわきまえることだ。そして、自分の身は自分で守り、自分の利益は自分で確保するほうがよい。他人もそうするなら、なおよい。しっかりと自分のことは自分で考え、リーダーシップ神話に頼るのをやめたら、あなたはもっとずっとうまくやれるはずだ。同時に、信頼に値しない人間を信頼して裏切られたり、失望したり、キャリアを台無しにしたりする危険性も大幅に減るはずである。

第8章

リーダー神話を捨て、真実に耐える

二〇一三年九月に、私はブリュッセルのヴレリック・ビジネススクールで、本書の一部を取り上げて講演をした。四〇人ほどのエグゼクティブが集まっていたと思う。講演の後で、経験豊富なあるシニア・エグゼクティブがこう指摘した。「あなたが講演で話したことは、私の経験とぴたりと一致する。まったくあなたの言うとおりだ。だがそれにしても、じつに気の滅入る話だった」。

気が滅入ったのは、この人がリーダーシップの講演といえば士気高揚するような話を期待していたからだろう。だとすれば、リーダーや職場の痛い真実を突いた私の話に気が滅入ったのはもっともである。だが私はそうは言わずに、こう答えた。「世界中のさまざまな組織で働いている起業家精神にあふれる熱心な若いリーダーが、いや若くなくてもだが、職を失い、会社をだめにしている。それも許しがたいほどひんぱんに。このことのほうがもっと気が滅入る」と。

さらに私は続けた。「数十年にわたって多くの本が書かれ、講演が行われ、リーダーシップ開発プログラムが実施され、リーダーシップ教育産業があれこれとさまざまな試みをしてきた。にもかかわらず、大方のデータは、ほとんどの社員が不満を抱き、不信に陥り、やる気をなくし、希望を失っていることを示している」。

そしてずばりと言った。「そもそもリーダーシップを論じるときに、精神の高揚を求めること自体が、私に言わせれば気が滅入る。データに基づいて論じるべきだ」。
とはいえ、このシニア・エグゼクティブのような意見はめずらしいものではない。スペインで講演をしたときにも、同じような反応があった。おっしゃることは刺激的で、おそらくそのとおりであろうが、しかし「気分が上がらない」という。

ここで思い出されるのは、経営学と医学とのちがいである。もちろん、医学の研究者も医療従事者も、のべつ「気が滅入る」ことはあるだろう。たとえば現在の治療の限界に直面したときには、意気消沈するにちがいない。そして、何か「気分の上がる」憂さ晴らしをしたくもなるだろう。だが、研究者にしても医師にしても、データや新しい治療法を評価するときに「これは気が滅入る」とか「あれはいい気分になる」などとは言うまい。事実から目を逸らせば気は楽になるかもしれないが、それでは改善は望めない。不快な真実を無視し、基準率を確認せずにめったにない僥倖《ぎょうこう》に望みを託していたら、進歩が起きるはずはないのである。医療分野で驚異的な進歩が見られるのに対し、リーダーシップに関してはいっこうに進歩がなく、相変わらず職場に不満が渦巻いているのも、けだし当然と言うべきだろう。

かくして本書は始まったところに立ち戻る。そして、現実的な問いを発することにしよう。感動的なリーダーシップ神話はこれまでに何か成果を上げることができたのか？　この質問が問題にしているのは、能力、動機、目的、意図、誠実さといったものではない。偽善すら問題にはしていない。この質問は単純に、あれだけの時間と労力とお金をリーダーシップ教育に注ぎ込んだ結果として、リーダーと組織のあり方はよくなったのか、ということだけを問題にしている。もちろん、「ああした努力をしなかったら事態はもっと悪くなっていたにちがいない」と主張する向きはあるだろう。だがそのような反事実的主張は、実証的に裏付けられないことをさて措くとしても、従業員のやる気、仕事満足度、リーダーへの信頼、キャリア形成などに関するデータに向き合うなら、とうてい受け入れられない。

リーダーシップをめぐる議論は、どうもいつも読者や聴衆に軽く麻酔をかけたような具合にしていると感じられる。そうやって半ば陶酔させいい気分にさせておいて、現実の姿はきちんと伝えずに済ます。こうしてリーダーシップ教育産業は、組織の重要な真実を知らないお人好しを量産しているのである。現実から遊離したおめでたい人々は、職場で起きることに対して準備ができていない。さらに重要なことに、現実と向き合い、原因を突き止め、是正しようという気構えができていない。というのも、世の中はうまくできている、仮にいまそうでなくてもすぐにそうなる、とバラ色の夢を見ているからだ。

だが、現在の職場は数十年前の職場からさほど進化していない——むしろ数十年前のほうがまだよかったかもしれない。となれば、世界はいつかよくなるなどと考えず、ありのままの世界を直視すべきだろう。まずは自分の足下を見つめ、自分はどうしたいのかを考えることだ。とりわけ重要なのは、自分の行く手に待ち受ける障害物の性質を知っておくことである。

ジム・コリンズが『ビジョナリーカンパニー２　飛躍の法則』で指摘したことを思い出してほしい。彼はアメリカ海軍のジェームズ・ストックデールの体験に取材し、非現実的な楽観主義と現状を直視しない態度は本人のためにならないばかりでなく、死につながりかねない、と警告している。ストックデールはベトナム戦争中に八年におよぶ捕虜生活を送り、度重なる拷問を受けて身体的にもひどいダメージを受けた。どうみても生きて帰れるとは思えない状況である。彼はそのことをよくわかっていた。それでも、「最後まで耐え抜き、この経験を人生の決定的な出来事にし、あれほど貴重な体験はなかったと言えるようにする」という信念はかたときも揺るがなかった。すなわち、「最後には必ず勝つという確信を失ってはいけないが、自分が置かれている厳しい現実を直視する規律も失ってはいけない」こと、これが「ストックデールの逆説」である。

ストックデールは未来を確信していた。彼によれば、生還できなかった捕虜仲間は楽観主義者だったという。彼らは、クリスマスまでには出られると考える。クリスマスが近づき、終わる。そうすると、復活祭までには出られると考える。そして復活祭が近づき、終わる。つぎは感謝祭、そしてつぎはまたクリスマス。こうして失望が重なって死

んでいくのだ。楽観主義者は、現実を直視しようとしない。現実逃避をしたがるダチョウのように、砂の中に頭を突っ込んで災難が通り過ぎていくのを待とうとする。このような自己欺瞞で一時的に楽にはなるかもしれないが、最後はいやでも現実と向き合わなければならない。そうなったとき、現実はあまりに苛酷でもはや耐えられないのである。[*1]

そのうえ、根拠なき楽観主義に浸り切った人は、自分の力で現状を打開しようとしない。幸運が訪れるのを待っている。これに対してストックデールは、生還するために、自分にできる最大限の努力をしたのだった。

理想のリーダー像、実際のリーダー像

本書を通じてくわしく述べてきたように、どんな組織であれ、権力を握り富も掌中にしたリーダーの多くは、理想のリーダー像とはほとんど無縁である。これでは、部下がしらけるのも無理はない。

たとえば、カーリー・フィオリーナだ。彼女は年商一九〇億ドルのルーセント・テクノロジーの社長を務め、のちにヒューレット・パッカードのＣＥＯに就任した。ダウ工業株三〇種の構成企業で初の女性ＣＥＯとなったのである。彼女は「銀の舌と鉄の意思を持つ」と評された。[*2] ちなみに銀の舌とは雄弁という意味である。彼女は、自分の決定に反対する人間を容認するタイプではなかった。この点で、「コンセンサスに基づく意思決定」を提唱するよきリーダー像に反している。反対者が同じ経営チームの中の人間であれ、創業者一族であれ、容赦はしなかった。ひんぱんに反対意見を言う者は更迭された。また、共同創業者ウィリアム・ヒューレットの息子ウォルター・ヒューレットは、コンパックの買収に強硬に反対したため、取締役会から外されている。

レベッカ・ブルックスはどうだろう。彼女は、ルパート・マードック率いるニューズ・コーポレーションの英国部門のＣＥＯである。日曜紙ニューズ・オブ・ザ・ワールド（二〇一一年に廃刊）で殺人事件被害者をはじめとする大規模な電話盗聴事件が起きて起訴され、二〇一一年にＣＥＯを辞任したが、無罪となってＣＥＯに復帰した。さまざまな情報源を総合すると、ブルックスがＣＥＯにのぼり詰めたのは、「頭脳明晰で冷酷無情」であることと、新旧首相をはじめ権力者や資産家との人脈作りに長けていること、そしてボスであるマードックにかわいがられていることが原因であるようだ。マードックは「七番目の子ども」のように彼女に接しているという。[*3]

リンドン・ジョンソンは上院議員時代にアメリカの政治史上最年少の多数党院内総務と

なった。大統領としても評価が高く、多くの功績があったとされているが、部下をどなりつけ、叱りつけることで有名でもあった。トイレを使用中に洗面所に部下を呼びつけ、命令を与えたり指示を書き取らせたりしていたという。[*4] 報道官を務めたビル・モイヤーズによれば、ジョンソンは「他人の弱みを嗅ぎ付ける動物的な嗅覚を備えていた」ということだ。[*5]
国家安全保障問題担当大統領補佐官、国務長官を歴任し、ノーベル平和賞を受賞したヘンリー・キッシンジャーは、スタッフの電話を盗聴したといわれる。国家機密の漏洩《ろうえい》を発見することが当初の目的だったが、自分に対する（大統領や国家にではなく）忠誠心を確かめる意図もあったという。彼は、直属の部下に対しても情け容赦がなかった。[*6]
政治コンサルタントで保守派のアイコン的存在だったロジャー・エイルズは、フォックスニュースの社長に就任した。フォックスニュースは驚くほどの好業績で、二〇一〇年の収益は八億一六〇〇万ドルと見込まれ、ニューズ・コーポレーション全体の五分の一近くを稼ぎ出している。エイルズがテレビ業界屈指の実力者であることはまちがいないが、理想のリーダー像に当てはまるとは言いがたい。ある人に言わせれば、彼は「独裁者」である。ニューズ・コーポレーションのエグゼクティブだったある人物は、フォックスニュースの企業文化は脅迫的だと述べ、ローリングストーン誌に掲載された記事の中で「まるでソビエトか中国のようだ。誰もがいつもびくびくしている」と語っている。[*7]

リンダ・ワハナーは、百貨店のバイヤーからスタートして、ついにはアパレルのウォーナコー・グループのＣＥＯに就任した。アパレル業界の女性ＣＥＯとしては先駆的存在である。一九九三年から九九年にかけて、ワハナーは給与、ボーナス、ストックオプション、配当などで一億五八〇〇万ドルを手にした。ウォーナコー・グループは事業を拡げすぎたことが祟《たた》って二〇〇〇年に破産申請したが、ワハナー自身は再編成された会社の株式三五〇万ドル相当と現金二〇万ドルを手に会社を去っている。彼女はともかくもトップにのぼり詰めただけでなく、しばらくの間その地位に留まって大金を手にしたわけだが、部下を人前で罵倒し、エゴを剝き出しにするなど、その経営スタイルは「傲慢で虐待的」だった。[*8]

ＦＢＩの初代長官を務めたジョン・エドガー・フーバーは、冷酷な支配者であり、数十年にわたってＦＢＩを私物化した。大統領から議員にいたるまでありとあらゆる人間を恫喝《どうかつ》しただけでなく、違法な盗聴や監視に関与し、上司である司法長官を脅迫していたことも、あきらかになっている。また、彼の権力に楯突いたり、ＦＢＩの運営方針や優先事項について反対意見を述べたりした部下は、あっさりクビにした。[*9]

スティーブ・ジョブズの下で働くことは、いつ何時「スティーブされる」かもしれないというリスクに直面することを意味する。「スティーブされる」とは、ガミガミ叱られた挙げ句にクビになることだ。もっとも、その日のうちにクビが取り消されることもある。スタンフォードの同僚のロバート・サットンは、『あなたの職場のイヤな奴』と題する著書に、イヤなやつの美徳を説く新しい章を設けようと考え、誰を取り上げるか、ざっくりと調査した。グーグルで、「著名なCEOの名前＋イヤなやつ」のAND検索をかけたのである。するとスティーブ・ジョブズが、二位のオラクルのラリー・エリソンをはるかに引き離して一位になった。

ついでにラリー・エリソンのことも話しておこう。本人は自分の経営スタイルを中世のサムライ方式と称している。サムライかどうかはともかく、会議の際にエリソンが大爆発することは有名だ。しかも罵詈雑言を浴びせるだけでなく、長い。ときには延々一時間も吠えているという。[*10]

アマゾンの創業者にしてCEOのジェフ・ベゾスも、癇癪《かんしゃく》と罵倒でつとに有名だ。「この問題にいまから知性というものを供給してやろう」などと言うらしい。[*11]

ビル・ゲイツとともにマイクロソフトを創業したポール・アレンは、ゲイツと働くのは「生きた心地がしない」と書いている。[*12]

「バニティフェア」や「ニューヨーカー」の編集長を務めるなど雑誌業界に三〇年以上も君臨したティナ・ブラウンは、批判者に対して容赦がなかった。また、締め切りぎりぎりに誌面を変更することでも知られ、部下は最後の最後まで気の休まる暇がなかったという。[*13]

いま挙げたリーダーたちは、長期にわたって巨額の報酬を手にし、権力を振るったけれども、謙虚だとか、誠実だとか、部下思いだといった理想のリーダー像からはどう見てもほど遠い。しかもそうしたリーダーは日々増えている。

こうしたリーダーを列挙すると、大方の人が、彼らはほんとうに成功したわけじゃない、と反論する。フィオリーナとワハナーは更迭された。マーサ・スチュワートは離婚し孤独になった。スティーブ・ジョブズも、一時期は誕生パーティーに誰も来てくれなかったらしい。リンドン・ジョンソンは、最後はベトナム戦争の泥沼にはまり込み、身を引かざるを得なくなった。フーバーは隠遁生活を送り、親身の友人はほとんどいなかった。ティナ・ブラウンの最後の数年に試みた出版ベンチャーはどれも失敗に終わった、等々。

これに対して、私はこう答える。第一に、現実の世界では完璧な人生を送れる人はほとんどいない。すべてのことがうまくいくなどということはまず期待できない。第二に、こちらのほうが重要だが、これらのリーダーがほんとうに成功者なのかどうかを論じるのは勝手だが、彼らには否定できない共通点が一つある。それは、彼らにせよ、理想のリーダー像に合致しない他の大勢のリーダーにせよ、何はともあれ高みにのぼり詰め、権力を手にし、それなりに長い間その地位を維持したという事実である。

だから、現実を公正世界仮説に当てはめようとするのはやめ、理想とかけ離れた人たちがなぜどうやって高みにのぼり詰めたのかを理解するほうが役に立つだろう。この手のリーダーが量産される現状を変えるためには、この理解が欠かせないと私は考えている。

さらに言えば、現状は、誠実で謙虚で信用できて部下思い等々、多くの人がリーダーの資質と考えるものを持ち合わせていないリーダーが大勢成功しているだけではない。実態はもっと悪い。第1章で論じたように、そして読者が毎日のようにテレビで見かけるように、理想のリーダーだといわれている人たちは、実際そのように見えてしまうのである。これは、人々がリーダーの発する自信満々な雰囲気やオーラに魅せられてしまい、彼らが実際に何をしているかをチェックしようとせず、彼らの部下になることがどういうことかを考えようともしないからだ。おとぎ話を信じたがっている人々は、真実から目を逸らし、自分の価値観を覆すような証拠は積極的に見まいとする。

こうしたわけで人々は、ほとんどの企業にも政府機関にも存在しないようなリーダーの行動モデルをありがたく信じている。そして本書で繰り返し指摘したように、人々が授けられる「キャリアで成功するためのヒント」といったものは、多くの場合、実際のリーダーの行動とはまるで一致していない。なぜこんなおとぎ話がいつまでも生き残っているのだろうか。

お好きな検索エンジンで"You can't handle the truth"（おまえは真実に耐えられない）を検索してみてほしい。たぶん、映画『ア・フュー・グッドメン』の台詞がヒットするはずだ。この台詞が語られるのは、トム・クルーズ演じる弁護人ダニエル・キャフィ中尉が、ジャック・ニコルソン演じるグアンタナモ米海軍基地司令官ネイサン・ジェセップ大佐を法廷で尋問するシーンである。キャフィはジェセップに対し、死亡した落ちこぼれ兵士に対する制裁を命じたのはあなたかと尋ねる。ジェセップは激怒し、「答が欲しいのか」と聞き返す。キャフィが「真実を知りたい」と答えると、ジェセップはアメリカの権益を守るためにやらなければならないことについて熱弁を振るうのだが、その冒頭で「おまえは真実に耐えられない」と断るわけである。

この「真実に耐えられない」という感覚は社会に広まっていて、組織内外の行動を支配しているように思われる。そしてこれには、もっともな理由がある。ある調査によると、悪いニュースを伝えた人はよからぬ目に遭うという。[*14]「メッセンジャーを撃つな」という警句が生まれる所以《ゆえん》だ。データによると、多くの人は、悪い情報が目に入らないよう積極的に試みているという。[*15]不愉快な真実を避けようとする人たちは、悩ましい症状が出ても医者にかかろうとしない。診断を聞きたくないからだ。言うまでもなく、そのような行動は事態を悪化させるだけである。治療を受けずに放置するほど、症状は深刻化するものだ。多くの人はハッピーな映画を見たがる。すくなくともハッピーエンドになる映画、つまり善が悪を倒し、知恵が力に勝ち、正義が不正を打ち負かす映画である。

そして出世したい人は、すくなくともいまの会社で出世したい人は、真実を言うことが上司や会社に対する批判と受けとられると思ったら、真実を言おうとしない。民主党の上院議員エリザベス・ウォーレンは、著書『闘うチャンス』の中で、まさにそういうアドバイスについて語っている。[*16] 権力者を批判するのはやめたほうがいいと彼女にアドバイスしたのは、ハーバード大学の学長や財務長官を歴任したローレンス・サマーズだった。

私には選択肢があった。インサイダーにとどまることもできたし、アウトサイダーになることもできた。アウトサイダーになれば、言いたいことを言える。だが組織の中にいる人はアウトサイダーの言うことなど聞かない。インサイダーにだって、自分の意見を押し通すチャンスはある……だがインサイダーには、破ってはならないルールが一つある。他のインサイダーを絶対に批判しない、ということだ。[*17]

よいニュースや感動的な物語だけを聞きたがり、権力者や組織を批判することを恐れ、多くの職場が抱える問題を直視しようとしない――こうした姿勢がリーダーシップ教育産業を繁盛させ、誠実で謙虚で部下思いのリーダーのハッピーな物語が語られるのである。彼らは、理想像に一致しないリーダーのことは語ろうとしない。理想のリーダーとそうでないリーダーの比率といったものも示されないし、リーダーたちがキャリアの最後にどうなったかということも語られない。

真実に耐えられない世界では、真実にたどり着くことはできない。その結果、大勢の人が苦しむことになる。おめでたいハッピートークばかり聞いていたら、本書の冒頭で示したとおり、職場の状況はいっこうに改善されない。真実を見つめ、その原因を理解しない限り、職場もリーダーも変わらないだろう。

そしてもう一つ重大な結果として、組織の力関係の現実を理解しなかった人たちはキャリア形成に失敗することになる。

組織の現実と向き合うための、6つのヒント

働く環境を変え、リーダーのふるまいを変えるためには、夢を見ていないで現実に基づいて行動することが必要だ。また、現状から抜け出せない理由を理解することも必要である。そこでこの最後の章では、先立つ章で論じたことをかんたんにまとめるとともに、リーダーやリーダーシップについて判明した事実や、組織における個人の行動に関する社会科学の知見に基づいて、リーダーの育成や能力開発のさまざまな問題点を是正する方法も検討するこ

とにしたい。

「こうあるべきだ」（規範）と「こうである」（事実）を混同しない

リーダーシップ教育産業は、未来のリーダーを育成することや現在リーダーの役割を果たしている人の一段の能力開発をすることが目的である。そのためもあって、この業界の多くの人にとっては、「いまのリーダーはこうだ」ということよりも「リーダーはこうあるべきだ」ということのほうが重要になる。あるべき姿を教えなければならないという信念から、玉石混淆のリーダーの実像ではなくよきリーダーのモデルが熱心に語られ、サクセスストーリーが強調され、さまざまな助言や指導が行われる。そして、よいリーダーと悪いリーダーの比率はどうかとか、長年にわたってリーダーシップ教育が行われてきたにもかかわらず悪いリーダーがこれほど多いのはなぜか、といった都合の悪い質問は巧みに回避される。

たとえば、リーダーシップを教えている同僚が二人ほどいるが、彼らはいつも私に向かって、あなたが書いているのはリーダーのことではなく、サソリや蜘蛛《くも》やゴキブリのことだと揶揄する。ゴキブリの繁殖能力と生命力はさておき、同僚の発言の意図を好意的に解釈するなら、教師の仕事はよいロールモデルを示し、何をすべきかを学生に教えることだ、といったところだろう。さらに、リーダーたるものは高い目的意識を持ち、効率的に時間を使い、最高の職場を作り上げることだと教えるのも教師の仕事だと言いたいのだろう。一言で言えば、高い理想に向けて学生の精神を発揚することが教師の仕事だというわけである。

もし読者がこうしたアドバイスに基づいて行動すればよりよい職場環境を作れるとお考えなら、序章と第1章を大急ぎで読み直してほしい。数十年にわたって、膨大な数の著者や講師やリーダーシップ・コーチが同じようなアドバイスをしてきた。また、複雑でどろどろした現実から切り離されたような経営者の評伝が書かれてきた。さらに問題なのは、めったにいないようなじつに立派なリーダーの研究ばかりが行われていることである。そうした例外的な人物を紹介すれば、他のリーダーも啓発されて立派になれると期待しているのだろうか。

こうしたアプローチが成果を上げているという証拠は一つもない。そのことは、仕事満足度の低下、リーダーの在職期間の短縮、離職率の上昇、解雇されるリーダーの増加といった客観的な数字が証明している。また、こうしたアプローチには理論的な裏付けもない。もちろん、信頼できて部下思いの謙虚なリーダーは実在する。そうしたリーダーを私たちは尊敬し、称賛すべきだ。だが同時に、そうしたリーダーがごくわずかであることも認めなければならない。さもないと、よきリーダーをめざすことの困難を過小評価することになる。リーダーシップ本に描かれている世界は、だいたいにおいて本の中にしか存在しない。

他人の言葉ではなく行動を見る

私は、デザイン・コンサルティング会社ＩＤＥＯ（アイディオ）の創業者にして会長を務めるデイビット・ケリーの大ファンだ。ＩＤＥＯは世界的に評価の高いイノベーティブな企業で、数多くの賞を受賞している。ケリーはまた、Ｄスクールの名称で知られるスタンフォード大学内のハッソ・プラットナー・デザイン研究所を創設した人物でもある。ＩＤＥＯの協調的、創造的で健全な文化は、ケリーによるところが大きい。同社の労働環境がすばらしいことは、よそへいけばもっと多くの報酬をもらえる有能な人材が居着いていることからもわかる。

だが私が何よりも感嘆するのは、ケリーや経営チームの徹底的なデザイン思考だ。Ｄスクールでは、それを学生に叩き込んでいる。デザイン思考の第一歩は、「日常の厄介な問題に人々がどう取り組んでいるかをしっかり観察すること」から始まる。[*18] より役に立つデザインを生み出すためには人々の日頃のやり方を観察しなければならないし、より使い勝手のよいデザインにするためには、人とモノの関係性を観察しなければならない。

このことがリーダーシップ教育産業にとって、そして読者にとっても何を意味するかは、はっきりしている。約四〇年前、カナダのマギル大学ビジネススクール教授のヘンリー・ミンツバーグは、マネジャーの行動をつぶさに観察した成果を一冊の本にまとめた。[19] このような実際の観察に基づく著作は、今日でも稀である。多くの人は、冷静かつ客観的にリーダーの行動に注意を払う代わりに、リーダーが自分の業績を語り、価値観を訴え、心地よい決まり文句を発するのを聞いて満足している。こうなったのには、ちゃんと理由がある。賢いリーダーは、自分の行動が間近でつぶさに観察されないよう注意を払っているからだ。だが成功しているリーダーの行動によく注意すれば、往々にしてリーダーシップ教育産業が掲げる理想のリーダー像と一致しないことがわかるだろう。たとえば、五二人のマネジャーを対象に行われた三つの異なる調査で、「マネジャーの成功と密接に関係する行動」に挙げられたのは、「人脈作りと政治的駆け引き」だった。[20]

「有言実行」という言葉が陳腐化していることからもわかるように、リーダーの言葉やリーダーについて書かれていることと、実際のリーダーの言動との間にはかなりの不一致がある。これについては本書で繰り返し指摘したとおりだ。最後にリーダーシップ論の大家として名高い故ウォーレン・ベニスを挙げておこう。ベニスはニューヨーク州立大学で副学長を務めた後、一九七〇年代にはシンシナティ大学で六年にわたり学長を務めた。学長時代の業績はあまりぱっとしない。そして重要なのは、学長だったときのウォーレン・ベニスと透明性や信頼について書いたウォーレン・ベニスは同じ人物とは思えない、と彼をよく知る人が口をそろえて言っていることだ。

ベニスの行動が信念と異なっていたのは、職場で遭遇するさまざまな出来事に憤慨し、苛立ちを募らせたからにちがいない。そもそも大学の学長の仕事はきわめて政治的な性質のものである。それぞれに勝手な要求をしてくる多種多様な関係者のご機嫌をとり、うまくいなさなければならない。ベニスはこのときの経験を回想し、人々が無意識のうちに共謀して、自分のような先見性のあるリーダーに仕事をさせまいとする、と著書の中で歎いている。「私は、巨大な共謀の犠牲になった。無意識のうちに形成される、目に見えない意図せざる共謀だ。この共謀は、大学の現状を変えようとする私の試みを何であれ妨害した」[*21]。ベニスによれば、無意味で煩雑な意思決定の山に押しつぶされたという[*22]。もっともそれは、他の多くのリーダー同様ベニス自身も、口では権限分散を唱えても実行できていなかったせいでもあった。

このことから、リーダーが実際に何をしているのか、現実の行動と実績にこそ注意を払うべきだと言える。先入観を持たず注意深い観察者に徹し、できる限り期待や願望を排除する。誰もが現在のリーダーと文化の下で、組織の中をうまいこと泳いでいかなければならない。人の言うことではなく自分の目で見たことに従うなら、きっとうまくいくはずだ。世の中では雄弁と現実は往々にして一致しないものだが、リーダーの場合にはそれがあたりまえになっていると考えておくとよいだろう。

ときには悪いこともしなければならない、と知る

リーダーシップ教育産業は、よい両親が子どもを育てるようなふるまいをリーダーに期待しており、普遍的な信仰や人間の価値と調和する行動を推奨する。そうした行動がいっこうに増えないのは、それらが効果的でも効率的でもないからだ、とは考えないらしい。だが、はっきり言おう。よい結果を出すためによからぬことをせざるを得ないときもある。

現在、抗ガン治療で使われている医薬品の大半は、毒性物質である。治療で用いられる放射線にしても、大量に浴びれば死を招く。治療法の進歩の多くは、化学物質なり放射線なりをピンポイントでガン細胞に送り込み、健康な組織を損なわないようにすることが中心である。要は毒を服用せざるを得ないとしても、危険な副作用はできるだけ抑えたいということだ。また外科手術にしても、最終的に病気の治癒につながるかもしれないが、まずは体にメスを入れなければならない。つまり、よい目的を達成するためには、まずは勇気と知恵をもって、苦痛を伴う行動をとらなければならない。外科医にして作家のアトゥール・ガワンデは、医学の探究について述べた著書『不完全な科学に関するある外科医のメモ』の中で、医師になるためには、医学生は行動することを学ばなければならないと説いている。うまく

いかない可能性があるとしても、また患者の体を切開したり縫ったりするなど、すくなくとも当初は不快な行為であっても、である。[*23] いくら死体解剖で訓練を積んでいても、生きた人間に初めてメスを入れるのはやはり重圧のかかる経験だ。

リーダーも同じである。決断する、実行する、改革する、競争環境で勝ち抜くといったことには、意思の力が必要であり、さらに、一部の人から反発されかねない行動をとり、反感を買いかねないような資質を発揮することが必要だ。すぐれたリーダーが不足しているのも、リーダーシップ教育産業が失敗し続けているのも、ここに原因がある。彼らはこの根本的な事実に気づいていないのである。

たとえば、二〇一四年のワールドカップに向けてアメリカチームが準備しているとき、こんな挑発的な見出しを掲げた記事が掲載された。「アメリカ選手は演技力不足では？　もっと演技の練習をしてはどうか？」というのである。[*24] サッカーに疎い人のために説明すると、ここでいう「演技」とは、軽くぶつかったり押されたりしただけなのに、ファウルされたふりや怪我をしたふりをして大げさに倒れ、主審を欺こうとすることである。この記事は、次のように結論づけていた。「世界の優秀なストライカーは……のべつ派手に地面に倒れている。ボールを失いそうだと判断したときは、とくにそうだ。ならば、アメリカ選手もなぜしないのか？　うまくいけば、フリーキックが与えられる。うまくいかなかったとしても、どのみちボールは敵に渡る運命だったのだ」[*25]。まったくのところ、アメリカ人の理想に反する行為ではある。だがこれをしないと不利になることもたしかだ。ときには、それが勝敗を決することさえある。

二〇一三年は、マキアヴェリの『君主論』が世に出てから五〇〇周年の記念の年だった。現代にもなお通じるこの名著について、ニューヨーク・タイムズ紙には次のような論評が載っている。

世の中は善人ばかりではない、だから必要とあらばよからぬ人間になることも学ばなければならない、とマキアヴェリは教えた。学校や教会で教わる道徳は、当の学校や教会を守るために必要な行動とさえ相容れない……マキアヴェリは長い間、悪の提唱者だと見なされてきたが、『君主論』では一度も悪のための悪は推奨されていない。君主の、つまりリーダーの究極の目的は、国家を維持することである（そして君主の地位を守ることである）。政治の世界では、道徳に従っていたら国家の破滅を招きかねない。そこでは一見すると悪と見えることが安全と繁栄につながることがある。言い換えれば、政治の世界ではかんたんな選択などない。政治における賢明とは……直面する選択の困難さを認識し、より悪くないほうを最善のものとして選ぶ術を知ることにある。[*26]

エイブラハム・リンカーンは、北軍を率いて奴隷解放を行った大統領として高く評価されているが、目的達成のためなら策略も厭《いと》わない老獪《ろうかい》な政治家でもあった。アメリカ全土での奴隷制廃止を謳った憲法修正第一三条の可決成立に苦慮し、政府のポストを約束するなどの裏工作を行って反対派を切り崩してまで、必要な票を集めたのである。アメリカの統一を守るためであれば、権力を濫用して弾劾《だんがい》されるリスクすら冒した。この史実は、ドリス・カーンズ・グッドウィンの『リンカーン』（邦訳は中央公論新社刊）に丹念に描かれ、さらにスティーブン・スピルバーグ監督による映画『リンカーン』にもなっている。

そこに立ち表れるのはマキアヴェリの真実だ――偉大なことを成し遂げるためには、必要とあらばどんなことでもする意思を持たなければならない。困難な戦いを避けてはならないし、人気を失うことを恐れてもいけない。ときには法律すれすれのことさえ、しなければならないのである。[*27]

マキアヴェリに関する論評をもう一つ紹介しよう。この論評では「政治とは汚い仕事であり、君主は良心の痛むようなことも敢えてしなければならない」ことが強調されるとともに、悪いリーダーの本質的な原因が指摘されていて興味深い。

公共の必要性を考える君主は、宗教的な倫理観に導かれる君主ほどには残酷でもなければ、悪徳でもない……自分の側に神がついていると信じる者はどんな残酷なこともやってのける。[*28]

こうした知恵をリーダーシップ教育産業がしっかりと認めない限り、組織の現実を踏まえたリーダー養成は期待できそうもない。

普遍的なアドバイスを求めない

みんなアドバイスが大好きだ。ダイエットから財産管理、さらにはよきリーダーになる方法にいたるまで、「ハウツー」産業が大繁盛しているのはこのためである。アドバイス・ビジネスは、提供したアドバイスが実際に実行されるかどうかはあまり気にしていない。というのも彼らの利益はアドバイスを売った時点で得られるからだ。じつのところ、お客がアドバイスを実行して仮に問題が解決したら、その問題について将来利益を得る機会は消滅してしまう。

リーダーシップに関するアドバイスは、きわめて普遍的なものが多い。リーダーたるものは誠実であれ、本物であれ、部下思いであれ、といったことが万人に求められる資質や行動として奨励される。だがサソリや蜘蛛だらけの森の中で一人だけサソリでも蜘蛛でもなかったら、生き延びるチャンスはきわめて小さくなってしまうだろう。

さまざまな機会にさまざまな形で選別、引き抜き、慰留が行われ、さらに昇進・昇格の基準が適用されるなかでは、だいたいにおいて同じようなリーダーシップ・スタイルを備えた人がどうしても多くなる。地位が高いほど、そうなりやすい。こうした行動の均質化は、社会学習にも起因する。同じ環境で他人の行動を観察し、何が成功し何が失敗するかを学ぶからだ。

となれば、「よきリーダーになるために自分は何をすべきか」という問いに対する答は、「よきリーダー」をどう解釈するか次第ということになる。とはいえこの点は言うまでもなくきわめて重大だ。このほかに、自分の置かれた環境やそこでの行動規範に関する知識や理解も大切である。具体的には、どんな行動が弱さや無能力を露呈し、どんな行動が強さや自信や能力を誇示できるかをわきまえておくことだ。よきリーダーになるためには、まずはその地位に就くために、次に地位を維持するために、自分の置かれた環境で必要な能力や行動を示さなければならない。

さきほどの問いに対する多くの人の答は似たり寄ったりだ。だが実際には、各社の職場環境は大幅に異なる。たとえばソフトウェアのオラクルは苛酷な競争環境にあり、のべつ役員が更迭され、社員の離職率も高い。そこで成功するために、最低でも生き残るために必要な資質は、コンシャス・キャピタリズムの実践で名高い人物が社長を務めていた食品小売りチェーン、トレーダー・ジョーズで求められる資質とはあきらかにちがう。ちなみにコンシャス・キャピタリズムとは意識の高い資本主義というほどの意味で、多様なステークホルダーのために尽くすことを重視し、顧客と社員の幸福を真剣にめざすことを理念とする。

「白か黒か」で考えない

映画のすばらしい点の一つは、勧善懲悪に代表されるように、白黒がはっきりしていることだ。たとえばスターウォーズ・シリーズでは、ルーク・スカイウォーカーは白い衣装を、ダース・ベイダーは黒い衣装を身に着けている。そして私たちも、こうした思考に走りやすい。善か悪か、天国か地獄か、正直か嘘つきか、効率的か非効率か、といった具合である。

だがこのような思考法は、複雑な現実を過度に単純化しがちだ。単純化してしまえば、誤った確信が持てるので心地よいかもしれないが、何事も白黒をはっきりさせようとする姿勢で臨んでいたのでは、現実の複雑な世界の問題に取り組むのは一段とむずかしくなってしまう。ざっと見回しただけでも、有害な食事療法からガンの過剰治療にいたるまで、過度の単純化に起因する危険性を指摘した文献には事欠かない。[*29] 意思決定に関する研究では、高い地位の人間ほど複雑な思考法をすることがあきらかにされたが、このことは、複雑な問題に取り組むときには高度な評価・分析手法が役に立つことを示唆している。[*30]

とはいえ、単純思考をやめるのはなかなかむずかしいだろう。なにしろ相当教育水準の高い人でさえ、白か黒かで物事を判断しようとする。この点に関して、ノーベル文学賞を受賞したアレクサンドル・ソルジェニーツィンは、次のような洞察を示した。

どこかに悪い人間がいて悪事ばかり働いているなら、彼らを隔離して絶滅させればよい。だが善と悪を分ける境界線は、あらゆる人間の心の中にあるのだ。自分の心を隔離して破壊することを望む人間がいるだろうか。[*31]

ジム・コリンズとジェリー・ポラスも、著書『ビジョナリーカンパニー　時代を超える生存の原則』（邦訳は日経ＢＰ社刊）の中で、あれかこれか二つに一つしかないと考える二者択一思考を批判している。[*32] この指摘は、リーダーやリーダーシップのあり方にも当てはまる。リーダーを含めあらゆる人は複雑で多元的で多面的であるという真実を受け入れ、それをよしとするならば、そして一人の人間の中には強さもあれば弱さもあることを認めるならば、社会のダイナミクスをよりよく理解できるようになるだろう。そして、これから生き抜かな

ければならない組織について、より真実に近い姿を、すなわちより役に立つ実態を把握できるようになるはずだ。

許せども忘れず

このフレーズは、医療分野を専門とする社会心理学者チャールズ・ボスクの著書『許して忘れず――医療過誤にどう対処するか』を、リーダーシップ用に私が少々改変したものである。[*33] 許して忘れないことは、医療行為や医学教育にふさわしい。というのも、許すことによって医師は自分のミスを認めやすくなり、忘れないことによって、本人も同僚も同じミスを繰り返さなくなるからだ。

あらゆる宗教では伝統的に許すことを教えてきた。怨恨や復讐心を抱き続けるのは相手よりも当人にとって不幸なことであり、この理由からだけでも許すことは大切である。それに人間というものは、一度の失敗に対して二度目、三度目、いや四度目、五度目のチャンスを与えるに値する。だからといって、過去がしばしば未来の予言となることを否定し、リーダーの過去のふるまいを忘れてしまい、決定を下すときに過去を参照せず、希望的観測に基づいて将来に期待するのは、トラブルを招くだけである。

リーダーの過去の行動を見なかったことにして、後悔した企業は十指に余る。たとえば野球のニューヨーク・ヤンキースのオーナーだったジョージ・スタインブレナーは、万事を一手に取り仕切って部下に権限を与えない経営スタイルで知られ、毒舌ぶりで悪名高く、のべつ監督をクビにした。ビリー・マーティンにいたっては何度もクビにされている。にもかかわらずコーチやスタッフが引きも切らずヤンキースにやってくるのは、スタインブレナーの過去の横暴を過小評価しているか、自分は例外だと信じ込んでいるのだろう。

一九九八年六月一五日に、台所用品のサンビームの取締役会はCEOのアルバート・ダンラップを更迭したが、このニュースに驚いた人はいなかったはずだ。なにしろ同社は、卸売りチェーンに商品を押し付けて見かけの売り上げを膨らませるありさまで、株価は大幅に落ち込んでいたからだ。ダンラップは二年前にサンビームのCEOに就任したばかりだったが、その前にいたスコット・ペーパーでは、同社をキンバリー・クラークに身売りしている。このときには従業員の大量解雇とコスト削減で会社の価値を押し上げ、「チェーンソー」の異名をとった。業界紙記者のジョン・バーンは、「スコット・ペーパーは、一九八三年以降にダンラップが売却または解体した六番目の企業である」と書いている。[*34] コストカッターと呼ばれる人間は、どこにいてもコスト削減に情熱を燃やすし、癇癪持ちで部下を罵倒する人間は、どこにいてもそうするものだ。

企業からスポーツ界、とりわけ大学スポーツに目を転じれば、この種の例は文字どおり何百とある。どうやら大学というところは、監督が勝ちさえすれば、少々のことには目をつぶってしまうらしい。だがこのような姿勢は、新たな問題を発生させるだけである。もっとも、新たな問題といっても、過去と同じ行動の繰り返しに過ぎないのだが。

たとえば名門ラトガース大学のバスケットボール・チームの監督を務めていたマイク・ライスは、二〇一三年に解雇された。ニューヨーク・タイムズ・マガジンによると、「ESPN（スポーツ専門テレビ局）が流した映像には、ライスが選手をどなりつけ恥をかかせる、ウェアを引っ張る、押す、蹴る、ボールを頭や脚に投げつける、ホモだと愚弄する様子が映っている」[*35]。だがラトガース大学はロバート・モリス大学からライスを雇ったのだが、そこでもライスは同じことをしていたのである。「ライスは、ロバート・モリスでは一線を越えなかったのかもしれない。だがラトガースにいたときと別人だったわけではない……ロバート・モリスでも『自制の効かない人間』と評されていた……彼は好成績を挙げて評価されてはいたものの、癇癪持ちでも有名だったのである」[*36]。

学習理論の基本原則は、行動は結果に比例するというものだ。ある行動が評価され報われれば、その行動の頻度は上がる。ある行動が無視されたり罰されたりすれば、その行動の頻度は下がる[*37]。ところがリーダーの世界では、とりわけ高い地位のリーダーに関しては、業績不振から重大な倫理規定違反、さらには部下の不当な処遇や虐待にいたるまで、悪い行動が罰されることがあまりにもすくない。その結果、よからぬリーダーも士気の上がらない職場も、ほとんど何も改善されないままとなる。リーダーが悪行の罰を受けずにうまいこと切り抜けてしまうのでは、そうならざるを得ない。

たとえばクレイグ・デュボーが新聞チェーンのガネットのCEOを務めていたとき、同社の株価は七五ドルから一〇ドルまで下落し、二万人の社員が職を失った。ところがデュボーは更迭を免れ、健康保険、退職金、障害給付金などのパッケージ総額三七〇〇万ドルを手にして退任している。しかも退任に先立つ二年間だけで、年間一六〇〇万ドルの報酬を得ていた。[*38]

同じような例として、メリルリンチのCEOだったスタン・オニールが挙げられる。彼は会社を借金まみれにして急激な業績悪化を招き、結局メリルリンチは、二〇〇七年にオニールが引責辞任した翌年に破綻した。その後バンク・オブ・アメリカに買収された経緯は周知のとおりである。だがオニールにとっては何の不都合もなかった。彼は一億五〇〇〇万ドルにのぼる契約解除金を手にしたとされている。しかも二〇〇八年には、アルミ大手のアルコアがオニールを取締役に指名した。アルコア内部の人間によると、オニールの金融市場と資金調達に関する知識はアルコアにとって有用だという。まあたしかに、金融危機を引き起こした張本人の一人ではあるのだから、金融の専門家だと主張してもまちがいではあるまい。[*39]

チャールズ・Ｏ・プリンスは、二〇〇七年までシティグループの会長兼ＣＥＯを務め、巨額の損失を出して辞任したが、その後もゼロックスとジョンソン・エンド・ジョンソンの取締役を兼任していた。同様に、「アンドレア・ユングは……エイボンが贈賄の疑いで捜査の対象になり、また業績が悪化したなかで同社のＣＥＯを辞任した……が、その後もアップルの取締役を務めた」[40]。また保険のアメリカン・インターナショナル・グループ（ＡＩＧ）の社長だったマーシャル・コーエンは、デリバティブに手を出して経営を悪化させ、結局は二〇〇七〜〇九年の景気後退で政府に救済される羽目に陥ったにもかかわらず、その後に、ニューヨークの投資銀行の取締役に就任した。この同じ銀行は、ヘンリー・Ｓ・ビーネンも取締役に指名しているが、このビーネンは、二〇〇四年からＪＰモルガン・チェースに救済買収されるまで、ベアー・スターンズの取締役を務めていた人物なのである[41]。

これらの断片的なケースから読み取れる教訓は、組織的な調査によっても裏付けられている。ニューヨーク・タイムズ紙にも取り上げられたように、「金融危機のような極限の状況においてさえ、不適切な判断の責任をとらされる役員はめったにいない」[42]のである。調査によれば、金融危機の際にも、金融機関での役員更迭は一％未満だったという。また、業績のよい銀行と悪い銀行で役員更迭が行われる比率はほとんど変わらなかった。政府に救済を受けるような銀行であっても、である。事情は非金融部門のＳ＆Ｐ１５００構成企業でも似たようなものだ。業績不振を理由とする役員更迭はやはり一％未満にとどまっている。[*43]

最後にスティーブン・L・ラットナーの事例を取り上げよう。ラットナーは投資銀行ラザードの元副会長で、プライベート・エクイティ投資を行うクアドラングルの共同創設者でもある。彼の顚末を見ると、リーダーが責任を問われない傾向が蔓延していることがよくわかる。そしてこの傾向が続く限り、リーダーの行動が改まるはずはあるまい。しかも他のリーダーも、社会的学習を通じて、リーダーのどんな行動は容認されるかを学ぶことになる。ラットナーは、二〇〇七〜〇九年の景気後退期に政府部内で自動車業界に関する顧問役を務めていたが、職業倫理の欠如により問題を起こす。

彼は、ニューヨーク州年金基金からの資金調達に際して、贈賄の疑いが持たれていた……二〇一〇年にラットナーは、民事訴訟をまるくおさめるために、ニューヨーク州検事総長だったアンドリュー・W・クオモと証券取引委員会に一六〇〇万ドルを渡したという……彼は五年間にわたり、ニューヨーク州の公的年金基金にいかなる資格でもかかわり合うことを禁じられた。さらにオバマ政権での地位も剝奪された。[*44]

だがニューヨーク・タイムズ紙のアンドリュー・ロス・ソーキンが指摘したとおり、ラットナーの凋落は一時的なものにすぎなかった。二年後には彼はニューヨーク市長マイケル・ブルームバーグの資産管理に携わり、主要ニュース番組に評論家として出演し、タイムズ紙に論説を書き、さらには二〇一二年の大統領再選に貢献してオバマ政権への復帰も遂げたのである。オバマはオハイオ州での勝利を必要としていた。そして同州は多くの自動車部品メーカーが本拠としており、不況時に業界を支援したラットナーの手腕が買われたというわけだった。

ラットナーのその後の成功が、粘り強さや打たれ強さの重要性を示していることはまちがいないが、それだけではない。「彼の復活は、この国のエリートが権力者や有力なコネを持つ人物に群がる傾向を雄弁に物語っている[*45]」。彼らが権力者に接近したのは、一つには過去の罪を許したからであり、一つには権力者とつながっている人たちから孤立することを恐れたからだ。こうした人間関係は、その人が過去や現在に何をしようと、また将来に何をするとしても、途切れることなく続きがちである。

「不一致」を「一致」に変えるために

リーダーシップをめぐる問題点は、根本的には次のような不一致の問題だと言うことができる。

・リーダーの発言と行動の不一致
・リーダーの行動と結果の不一致
・理想の普遍的リーダー像と現実のリーダーとの不一致
・リーダーシップの多元的な性格と人々が求める単純化されたリーダー像との不一致
・リーダーシップの自己評価（ハッピーシート）と現実のデータ（職場環境やキャリアに関する調査結果）との不一致
・多くの人が求めるもの（よいニュース、サクセスストーリー、高揚感）と必要なもの（真実）との不一致
・組織や職場の改善に必要な行動とその実行との不一致

加えて、リーダーシップ教育産業が掲げる約束と、その教育や影響を受けたリーダーの言動やキャリアも一致していない。

このように問題を捉えれば、解決方法はシンプルだと考えられる。それは、不一致を一致に変えることだ。言動の不一致、行動と結果の不一致、教育と現実の不一致を解消すればよ

い。

とはいえ、これは容易なことではない。不一致は多くの人の利益にかなっているからだ。リーダーシップ教育産業は、リーダー教育が現実にそぐわないものであれば、いつまでも問題は解決されないので、商売繁盛である。また、それについて話す機会も書く機会もなくならない。リーダーにとっては、行動が結果を伴わなくても、それどころか事態を悪化させても、説明責任を問われないのは好都合である。さらに悪いのは、多くの人が現実と自分たちが信じたがっていることとの乖離に気づいており、それでもなお聞きたいことにだけ耳を傾けていることだ。

すくなくとも一部の不一致を一致に変えることは、時間をかければ可能だろう。まずは現実との不一致を正すところから始めるのがよいのではないか。どんな組織でも、地位が上がるほど周りの人間は真実を言ってくれなくなる。その結果、現実から遊離しがちだ。すぐれたリーダーほど、つねに現実にねざすべく努力している。そして、自分が何をしたいのか、それはなぜかを見きわめようとする。

ルディ・クルーは、ニューヨーク市教育長の地位を市長のルディ・ジュリアーニによって追われたとき、自分はなぜこの仕事をするのか、現実に立ち返ろうと決心する。それは、ニューヨークの学校に通っている一〇〇万人の子どもたちの現実、その多くは、カリキュラムで要求される水準に達していない子どもたちだ。クルーにとって彼らはまるで子どもの頃の自分を再現しているようであり、なぜ自分が教育者になろうとしたのか、その理由を思い出させてくれる存在だった。だから学校へ行こう、そうクルーは決心したのである。

私のクラスに来てクルーが話してくれた物語をかいつまんで紹介しよう。クルーが二年生の教室に入っていくと、アフリカ系アメリカ人の子どもが問題と格闘していた。どうやら手こずっているらしい。結局消しゴムを取り出して答を消してから、またやり直している。クルーはその子に近づいて、「何を勉強しているんだい?」と訊ねた。「算数だよ」。「そうか。むずかしいの?」。その子は頷いた。「がんばって続けるんだ、そのうちできるようになる」。クルーはそう励ました。

クルーが教室を出ようとすると、さっきの子どもが呼び止めた。「あのう、あなたは誰?」。クルーは教育長だと答え、ニューヨーク中の学校の監督をしているんだと説明した。「わあ、えらいんだね」。その子は目を輝かせると、まったく悪意のない子どもの無邪気さで質問した。「それで、お仕事はうまくいっているの?」。クルーはまじめに答えた。「うまくいったと思う日もあれば、うまくいかない日もあるよ」。その子はクルーを見上げてにっこりした。「がんばって続けてね、そのうちうまくいくから」。

リーダーシップの危機に何か改善をもたらすことができるか、私には自信がない。ただし、人間の行動に関する社会科学の知見にも現実のデータにも基づかないやり方でこれ以上リーダーシップ神話を振りまき、人々をいい気分にさせるだけではうまくいかないことは、はっきりしている。人は真実に耐えられるはずだ。真実と早く向き合うほど、誰にとっても結果はよりよいものになる。そのためには誰もが、そう、リーダーだけでなくすべての人が、がんばって続けなければならない。

謝辞

本書の表紙には私の名前だけが著者として記されているが、出版にこぎ着けるまでには多くの人の手を借りている。それを忘れたことはない。ほんとうに大勢の人が、実例を挙げてくれ、アイデアを出してくれ、励まし、知恵を貸し、友情を発揮してくれた。おかげで執筆は楽しい作業になった。みんながいたからこそ本書は実現したのである。

スタンフォード大学ビジネススクールは、私に報酬と支援を与えてくれただけでなく、私のわがままや風変わりなスタイルを容認してくれた。ビジネススクールで教えることだけが、私がクビにならずに済みそうな唯一の仕事だとわかっている。だから、この恵まれた環境を当然だなどと思ったことは一度もない。大学にも、すばらしい同僚や学生にも、つねに深く感謝している。

本書の着想を得たのは、ラジブ・パントとの会話からだった。「いい気持ちにさせるリーダーシップ本」という表現を最初に使ったのはラジブである。本書に収録したいくつかの事例を提供してくれたのも彼だ。だが、それだけではない。現在のリーダーシップ教育産業のやり方がいかに有害かを示してくれたのもラジブだった。ラジブの知恵と友情は、本書だけでなく私の人生にとってかけがえがない。

ロバート・ガンドシーにも心から感謝する。最初の草稿を読んでたくさんの助言をしてくれたうえに、本書のために多くの材料を提供してくれた。私の理解を深め、プロジェクトの後押しをしてくれたのはボブだ。もう数十年の付き合いになるが、ボブへの尊敬と感謝は深まるばかりである。

リッチ・モランにも深く感謝する。彼もやはり最初の草稿を読み、主に構成や文章について有意義な助言をしてくれた。長年の友人であり、すばらしい助言者でもあるキャスリン・クラブも、本書のテーマは時宜にかなっていると力強く励ましてくれた。

本書は多くの点で、私自身が気づかないうちに、ピーター・シムズとの散歩から始まっていた。サンマテオ郡ソーヤー湖のキャンプ地でのことだ。私たちは議論し、同意したか対立したかその中間だったかはともかく、ピートとの議論の中で私の考えはぼんやりと形をとり始めたのである。

フットボール・コーチのボブ・サットンとの会話も、きわめて実り多いものだった。彼との会話をきっかけに、何が問題なのかがわかったのである。ボブのやり方を見て彼から学ぶことは、私の研究プロセスの重要な一部であり、本書の原稿を書き進めるために欠かせないものでもあった。ボブはほんとうにすばらしい友人である。これからもずっと彼から学び、刺激的な会話を続けていきたい。

多くの人が研究の成果や知見を惜しみなく分け与えてくれ、本書のタイトルからマーケティングにいたるまで、有益なアドバイスを提供してくれた。どれも私にとってはすばらしい刺激になり、本書のテーマをゆたかにしてくれたと思う。ロデリック・クラマー、ベス・ベンジャミン、チャーリー・ブレスラー、ブルース・コザド、ファブリシオ・フェラーノ、ゲイリー・ラブマン、クリスティーヌ・ハング、マリー・エレン・プレーヤー、マルセロ・ノル・バルボザ、ジョゼ・サリビ・ネト、スーザ・キャマル、シーマ・クマール、ヨウヘイ・イワサキ、アレックス・トーバー、アイヴィ・ミルマン、ハワード・ビーハー、チップ・コンリー、ジョージ・ジマー、ピーター・ファビアン、ジーン・リップマン＝ブルーメン、ルディ・クルー、クリスティーヌ・ホワイトマン・ヤンフネン、そしてここに書き漏らしてしまったかもしれない多くの人たち、ほんとうにありがとう。

リーダーシップに関して、さらに本書のテーマに関しては、チャールズ・オライリーと何度も議論した。議論一分につき一ドルもらえるとしたら、いまごろ私は大金持ちになっていることだろう。とはいえ、チャールズとの友情と実り多い議論のことを考えたら、私はすでにとてもゆたかだ。チャールズは彼自身の研究成果はもちろん、読むべき文献や資料を挙げてくれ、ほかにもさまざまな支援をしてくれた。チャールズと知り合ってもう四〇年以上になるが、彼の知恵と助力に日々感謝している。

じつに有能なエージェントにもお礼を言いたい。ドン・ラムは、行動科学先端研究センターで一五年前に知り合った大切な友人である。本当のところ、ドンはこのテーマでこんなふうに書いてほしいとは思っていなかっただろう——いまとなってはそうは認めないだろうが。だが自身の考えはどうあれ、ドンは有能なエージェントとして、また真の友人として私の原稿を読み、本書ができあがるプロセスを通じてこまかい点に気を配り、内容についても出版に関しても惜しみなく膨大な知恵を提供してくれた。フレッチャー・エージェンシーのクリスティ・フレッチャーはこのプロジェクトに情熱を傾け、本書が最高の形で世に出るよう腕を振るってくれた。ドンやクリスティと仕事をするのはある種の特権と言えるだろう。彼らはほんとうに最高だ。

私のエディターであるホリス・ハイムバッハにも感謝したい。ホリスとは、彼女がハーバード・ビジネススクールの出版局にいたときからの知り合いだ。権力に関する前著では、担当編集者の頼りになる上司だった。今回の本で、最初に予定していた出版社が思わぬ形でビジネス書の出版事業から撤退したため、急いで別の版元を探す必要に迫られたとき、ホリスはすこしも冷静さを失わず、いつもどおりのプロフェッショナルなやり方で原稿に命を与えてくれた。だが本書の出版以上に私にとって重要だったのは、彼女が私の言いたいことを深く理解し、励ましてくれたことである。出版プロセスを通じて、ホリスからのアドバイスはほんとうにありがたかった。

そして最後になったが、もちろんキャスリーンを忘れてはいない。私たちは結婚してもう二九年になるが、それについて彼女はいつも「信じられない」と言う。私も同じ気持ちだ。彼女はほんとうに的を射た指摘をする。それも、毎日だ。この本が世に出る頃には、その数は一万回を超えて一万五八五回に達するだろう（二九年に三六五日をかけるとそうなる）。彼女と私にしかわからないことだが、私の人生は文字どおり彼女のおかげだ。キャスリーンは、これまでも、そしてこれからも、私の世界の中心であり続ける。

訳者あとがき

本書は、著者自身が冒頭で述べているように、前著『「権力」を握る人の法則（Power : Why Some People Have It and Others Don't）』の続編と位置づけられている。『「権力」を握る人の法則』は、著者がスタンフォード大学ビジネススクール（ＧＢＳ）で受け持つ講座「権力への道（The Paths to Power）」に基づいた構成になっており、権力を手にするにはどうしたらいいか、いざ権力を掌中にしたらどうふるまうべきか、権力を失ったらどうするか、などかなり実践的な内容である。

同書はアメリカでベストセラーになり、日本語版も多くの方に読まれて二〇一三年に文庫化された。本書と併せてお読みいただければ幸いである。

『「権力」を握る人の法則』によれば、権力はリーダーシップの一部である。だから、著者が権力の次にリーダーシップの本を書いたのは自然な順序とも言えるが、一読してわかるように、本書はいわゆるリーダーシップ本とはだいぶ趣がちがう。

著者のジェフリー・フェファーはＧＢＳの名物教授であり、経営学とくに組織行動論で数々の賞を受賞し、一流大学の客員教授を歴任し、講演やテレビ出演で世界各国を飛び回っているが、世間からは「皮肉屋」と見られているようだ。こうした見方に対して、当人は「自分はリアリストである」と反論する。データを見て、データに基づいて話す。「それは皮肉ではなくて真実だ」と。まことにごもっとも。

本書でも、徹底的にデータに基づき、希望的観測や非現実的な期待や建前論を次々に打ち砕く痛快なフェファー節が炸裂する。リアリストを自認し、社会科学の研究者であることを誇りとする教授にとっては、感動と高揚でリーダーの行動を変えられると思い込み、数字の裏付けもなければ効果測定もしないリーダーシップ教育産業が我慢ならないのだろう。

それにしても、リーダーシップ教育に感動は不要だとか、控えめなリーダーなどまずいないとか、誰でも我が身優先なのだからあなたもそうしなさい、といった具合に、みんなが薄々感じていることをずばずば言ってのけるのは、いっそ爽快である。真実を語るのは終身在職権を持つ者の務めだ、と教授は言う。覚悟のうえの発言なのである(http://www.ft.com/intl/cms/s/2/788abdba-562e-11e5-a28b-50226830d644.html#axzz4AJ6DTeKe)。

この調子で講義をするなら、さぞやおもしろいにちがいない。実際、フェファー教授の「権力への道」は人気講座である。ガイダンス資料によると、申し込んでも受講できない学生が大勢いるという。「よって、選ばれた学生が欠席するのはきわめて不適切であり……単位を落とすことにつながる」という脅し文句が書かれている。

読者のみなさまに、単位を落とす心配もなく名物教授の講義の雰囲気を味わっていただけたらうれしい。最後になったが、お世話になった日本経済新聞出版社の鬼頭穣氏と堀川みどり氏にお礼申し上げる。

二〇一六年六月

村井章子

29. R. Reiser, "Oversimplification of Diet: Coronary Heart Disease Relationships and Exaggerated Diet Recommendations," *American Journal of Clinical Nutrition* 31, no. 5 (May 1, 1978): 865–75.

30. Deborah H. Gruenfeld, "Status, Ideology, and Integrative Complexity on the U.S. Supreme Court: Rethinking the Politics of Political Decision-Making," *Journal of Personality and Social Psychology* 68, no. 1 (January 1995): 5–20.

31. この引用部分は、こまかい部分がちがってはいるものの、インターネット上でも広く出回っている。また、キリスト教や仏教の教えを説く本にもよく登場する。本書の引用は、www.coに拠った。

32. Jim Collins and Jerry I. Porras, *Built to Last: Successful Habits of Visionary Companies* (New York: HarperBusiness, 1994).

33. Charles L. Bosk, *Forgive and Remember: Managing Medical Failure*, 2nd. ed. (Chicago: University of Chicago Press, 2003).

34. John A. Byrne, *Chainsaw: The Notorious Career of Al Dunlap in the Era of Profit-At-Any-Price* (New York: HarperBusiness, 1999).

35. Jonathan Mahler, "The Coach Who Exploded," *New York Times Magazine*, November 6, 2013.

36. Ibid.

37. Fred Luthans and Robert Kreitner, *Organizational Behavior Modification* (Glenview, IL: Scott, Foresman, 1975).

38. David Carr, "Why Not Occupy Newsrooms? ," *New York Times*, October 23, 2011.

39. Andrew Ross Sorkin, "'Tainted,' but Still Serving on Corporate Boards," *New York Times*, April 23, 2012.

40. Ibid.

41. Susan Craig and Peter Lattman, "Companies May Fail, but Directors Are in Demand," *New York Times*, September 14, 2010.

42. Steven M. Davidoff, "Little Accountability for Directors, Despite Poor Performance," *New York Times*, April 5, 2013.

43. Steven M. Davidoff, Andrew Lund, and Robert J. Schonlau, "Do Outside Directors Face Labor Market Consequences? A Natural Experiment from the Financial Crisis," *Harvard Business Law Review* (forthcoming), available at http://dx.doi.org/10.2139/ssrn.2200552.

44. Andrew Ross Sorkin, "A Reputation, Once Sullied, Acquires a New Shine," *New York Times*, February 18, 2013.

45. Ibid.

1983).
7. Tim Dickinson, "How Roger Ailes Built the Fox News Fear Factory," *Rolling Stone*, May 25, 2011, www.rollingstone.com/politics/news/how-roger-ailes-built-the-fox-news-fear-factory-20110525.
8. Steve Forbes and John Prevas, "The Price of Arrogance," *Forbes,* June 18, 2009, www.forbes.com/2009/06/18/alexander-great-hubris-leadership-power.html.
9. Curt Gentry, *J. Edgar Hoover: The Man and the Secrets* (New York: W. W. Norton, 1991).
10. Joshua Kendall, "The Temper Tantrum: The Key to Smart Management?," *Fortune*, November 22, 2013, http://fortune.com/2013/11/22/the-temper-tantrum-the-key-to-smart-management/.
11. Ibid.
12. Ibid.
13. Elizabeth Kolbert, "How Tina Brown Moves Magazines," *New York Times Magazine*, December 5, 1993.
14. John P. Kotter, "Leading Change: Why Transformation Efforts Fail," *Harvard Business Review*, May 1995, 59–67.
15. Geraldine M. Leydon et al., "Cancer Patients' Information Needs and Information Seeking Behaviour: In Depth Interview Study," *British Medical Journal* 320, no. 7239 (April 1, 2000): 909–13.
16. Elizabeth Warren, *A Fighting Chance* (New York: Metropolitan Books, 2014).
17. 以下で引用された。Gretchen Morgenson, "From Outside or Inside, the Deck Looks Stacked," *New York Times*, April 26, 2014.
18. Nicole Perlroth, "Solving Problems for Real World, Using Design," *New York Times*, December 29, 2013.
19. Henry Mintzberg, *The Nature of Managerial Work* (New York: Harper-Collins, 1973).
20. Fred Luthans, Stuart A. Rosenkrantz, and Harry W. Hennessey, "What Do Successful Managers Really Do? An Observation Study of Managerial Activities," *Journal of Applied Behavioral Science* 21, no. 3 (July 1985): 255.
21. Warren Bennis, *Why Leaders Can't Lead: The Unconscious Conspiracy Continues* (San Francisco: Jossey-Bass, 1989), 14.
22. Robert Kramer, "Book review: 'Why Leaders Can't Lead: The Unconscious Conspiracy Continues,'" *Journal of Management* 16, no. 4 (December 1990): 869–79.
23. Atul Gawande, *Complications: A Surgeon's Notes on an Imperfect Science* (New York: Profile, 2010).
24. Sam Borden, "Where Dishonesty Is Best Policy, U.S. Soccer Falls Short," *New York Times*, June 15, 2014.
25. Ibid.
26. John T. Scott and Robert Zaretsky, "Why Machiavelli Still Matters," *New York Times*, December 9, 2013.
27. Doris Kearns Goodwin, *Team of Rivals: The Political Genius of Abraham Lincoln* (New York: Simon and Schuster, 2005).
28. Michael Ignatieff, "Machiavelli Was Right," *The Atlantic*, December, 2013, 42.

74, no. 7 (June 1996): 1655–92.

5. Louis Uchitelle, *The Disposable American: Layoffs and Their Consequences* (New York: Random House, 2007).
6. Alvin W. Gouldner, "The Norm of Reciprocity: A Preliminary Statement," *American Sociological Review* 25, no. 2 (April 1960): 161–78.
7. Joseph Henrich and Natalie Henrich, *Why Humans Cooperate: A Cultural and Evolutionary Explanation* (New York: Oxford University Press, 2007).
8. Peter Belmi and Jeffrey Pfeffer, "How 'Organization' Can Weaken the Norm of Reciprocity: The Effects of Attributions for Favors and a Calculative Mindset," *Academy of Management Discoveries* 1, no. 1 (2015): 93 –113.
9. Erich Fromm, *Escape from Freedom* (New York: Ferrar and Rinehart, 1941).
10. Jean Lipman-Blumen, *The Allure of Toxic Leaders: Why We Follow Destructive Bosses and Corrupt Politicians—and How We Can Survive Them* (New York: Oxford University Press, 2004).
11. Neil Torquiano, "Anchorage Workers Protest Firing of Men's Wearhouse Founder," KTUU.com, June 23, 2013, http://articles.ktuu.com/2013-06-23/south-anchorage_40151242.
12. Ibid.
13. James Surowiecki, *The Wisdom of Crowds* (New York: Random House, 2005).
14. Dale T. Miller, "The Norm of Self-Interest," *American Psychologist* 54, no. 12 (December 1999): 1053–60.
15. Rebecca K. Ratner and Dale T. Miller, "The Norm of Self-Interest and Its Effects on Social Action," *Journal of Personality and Social Psychology* 81, no. 1 (July 2001): 5–16.
16. Adam Grant, *Give and Take* (New York: Viking, 2013).
17. Ibid., 4.
18. Jennifer A. Chatman and Sigal Barsade, "Personality, Organizational Culture, and Cooperation: Evidence from a Business Simulation," *Administrative Science Quarterly* 40, no. 3 (September 1995): 423–43.
19. Warner Wilson, "Reciprocation and Other Techniques for Inducing Cooperation in the Prisoner's Dilemma Game," *Journal of Conflict Resolution* 15, no. 2 (June 1971): 167–95.
20. http://www.bartleby.com/73/417.html

第8章

1. Niall Doherty, "The Stockdale Paradox," Disrupting the Rabblement(blog), March 19, 2010, www.ndoherty.com/stockdale-paradox/.
2. Peter Burrows, "HP's Carly Fiorina: The Boss," *BusinessWeek*, August 2, 1999.
3. Esther Addley, "Rebekah Brooks: A Ruthless, Charming Super- Schmoozer," *Guardian* (U.K.), July 8, 2011.
4. Robert A. Caro, *The Path to Power: The Years of Lyndon Johnson* (New York: Knopf, 1982).
5. 以下で引用された。Roderick M. Kramer, "The Great Intimidators," *Harvard Business Review*, February 2006.
6. Seymour Hersh, *The Price of Power: Kissinger in the Nixon White House* (New York: Summit,

7. John Freeman and Michael T. Hannan, "Growth and Decline Processes in Organizations," *American Sociological Review* 40, no. 2 (April 1975): 215–28.
8. この例は以下で引用された。Sam Polk, "For the Love of Money," *New York Times*, January 18, 2014.
9. Annie Lowrey, "Even among the Richest of the Rich, Fortunes Diverge," *New York Times*, February 11, 2014.
10. Ibid.
11. "The Whys and Wherefores of Executive Pay," *Harvard Business Review*, July 2014, 32–33.
12. Elliot Blair Smith and Phil Kuntz, "Disclosed: The Pay Gap between CEOs and Employees," *Bloomberg Businessweek*, May 2, 2013.
13. Lowrey, "Even among the Richest."
14. Henry L. Tosi, Steve Werner, Jeffrey P. Katz, and Luis R. Gomez-Mejia, "How Much Does Performance Matter? A Meta-Analysis of CEO Pay Studies," *Journal of Management* 26, no. 2 (April 2000): 301–39.
15. たとえば以下を参照されたい。Jerry M. Burger, Nicole Messian, Shebani Patel, Alicia del Prado, and Carmen Anderson, "What a Coincidence! The Effects of Incidental Similarity on Compliance," *Personality and Social Psychology Bulletin* 30, no. 1 (January 2004): 35–43.
16. Donn Erwin Byrne, *The Attraction Paradigm* (New York: Academic Press, 1971).
17. Benedict Carey, "You Remind Me of Me," *New York Times*, February 12, 2008.
18. Brett W. Pelham, Mauricio Carvallo, and John T. Jones, "Implicit Egotism," *Current Directions in Psychological Science* 14, no. 2 (April 2005): 106–10.
19. たとえば以下を参照されたい。James R. Bettman and Barton A. Weitz, "Attributions in the Board Room: Causal Reasoning in Corporate Annual Reports," *Administrative Science Quarterly* 28 (1983), 165–83.
20. たとえば以下を参照されたい。Kathleen M. Eisenhardt, "Agency Theory: An Assessment and Review," *Academy of Management Review*, 14 (1989), 57–74; and Stephen A. Ross, "The Economic Theory of Agency: The Principal's Problem," *The American Economic Review*, 63 (1973), 134–39.
21. "Management by Walking About," http://www.economist.com/node/12075015, September 8, 2008.

第7章

1. Sandra L. Robinson and Denise M. Rousseau, "Violating the Psychological Contract: Not the Exception but the Norm," *Journal of Organizational Behavior* 15 (1994): 245–59.
2. David Cassilo, "For College Scholarship Athletes, Injury Can Spell Financial Disaster," *Daily Caller*, November 9, 2011, http://dailycaller.com/2011/11/09/for-college-scholarship-athletes-injury-can-spell-financial-disaster/.
3. http://abcnews.go.com/Health/kevin-ware-injury-draws-attention-ncaa-healthcare-debate.
4. この原則が広く浸透していることは周知の事実である。たとえば以下を参照されたい。Cynthia L. Estlund, "Wrongful Discharge Protections in an At-Will World," *Texas Law Review*

1999), 112.

10. Ibid., 113.
11. Ibid., 115–16.
12. Ann Friedman, "Martha Stewart's Best Lesson: Don't Give a Damn," New York, March, 14, 2013.
13. Ibid.
14. この重要な現象については膨大な資料がある。たとえば、Robert B. Zajonc, "Attitudinal Effects of Mere Exposure," *Journal of Personality and Social Psychology* 9, no. 2 (June 1968): 1–27; Robert F. Bornstein and Paul R. D'Agostino, "Stimulus Recognition and the Mere Exposure Effect," *Journal of Personality and Social Psychology* 63, no. 4 (October 1992): 545–52.
15. Nick Baumann, "Apparently We've Forgotten Who the Milkens Are," *Mother Jones*, August 18, 2011, www.motherjones.com/2011/08/lowell-milken-institute-ucla.
16. Robert B. Cialdini, *Influence: Science and Practice*, 3rd ed. (New York: HarperCollins, 1993).
17.たとえば以下を参照されたい。Edward P. Lazear and Robert L. Moore, "Incentives, Productivity, and Labor Contracts," *Quarterly Journal of Economics* 99, no. 2 (May 1984): 275–96.
18. Jeffrey Pfeffer, *What Were They Thinking? Unconventional Wisdom about Management* (Boston: Harvard Business School Press, 2007), 82.
19. Uriel Haran, "A Person-Organization Discontinuity in Contract Perception: Why Corporations Can Get Away with Breaking Contracts but Individuals Cannot," *Management Science* 59, no. 12 (December 2013): 2837–53.

第6章

1. Simon Sinek, *Leaders Eat Last: Why Some Teams Pull Together and Others Don't* (New York: Portfolio, 2014).
2. A. Gregory Stone, Robert F. Russell, and Kathleen Patterson, "Transformational versus Servant Leadership: A Difference in Leader Focus," *Leadership & Organization Development Journal* 25, no. 4 (2004): 349–61.
3. Jeffrey Pfeffer, *The Human Equation: Building Profits by Putting People First* (Boston: Harvard Business School Press, 1998).
4. Robert F. Russell, "The Role of Values in Servant Leadership," *Leadership & Organization Development Journal* 22 (2001): 76–84.
5. Steve Denning, "Valuing Employees (Really!): Lessons from India," *Forbes*, October 5, 2011, www.forbes.com/sites/stevedenning/2011/10/05/valuing-employees-really-lessons-from-India/.
6. たとえば以下を参照されたい。Eugene W. Anderson, Claes Fornell, and Donald R. Lehmann, "Customer Satisfaction, Market Share, and Profitability: Findings from Sweden," *Journal of Marketing* 58, no. 3 (July 1994): 53–66; and Eugene W. Anderson, Claes Fornell, and Sanal K. Mazvancheryl, "Customer Satisfaction and Shareholder Value," *Journal of Marketing* 68, no. 4 (October 2004): 172–85.

High: The Unexpected Affective Benefits of Unethical Behavior" (unpublished manuscript, July 18, 2012), available at SSRN: http://dx.doi.org/10.2139/ssrn.2112614.
41. Robert K. Merton, "The Self-Fulfilling Prophecy," *The Antioch Review* 8, no. 2 (Summer 1948): 193–210.
42. Ibid., 195.
43. たとえば以下を参照されたい。Dov Eden, "Self-Fulfilling Prophecy as a Management Tool: Harnessing Pygmalion," *Academy of Management Review* 9, no. 1 (January 1984): 64–73.
44. Wikipedia, s. v. "Catch Me If You Can," January 29, 2015, 15:09, http://en.wikipedia.org/wiki/Catch_Me_If_You_Can.
45. John Blake, "Of Course Presidents Lie," CNN.com, November 24, 2013, www.cnn.com/2013/11/24/politics/presidents-lie/.
46. Bethany McLean and Peter Elkind, *The Smartest Guys in the Room: The Amazing Rise and Scandalous Fall of Enron* (New York: Portfolio, 2003).
47. Amit Bhattacharjee, Jonathan Z. Berman, and Americus Reed II, "Tip of the Hat, Wag of the Finger: How Moral Decoupling Enables Consumers to Admire and Admonish," *Journal of Consumer Research* 39, no. 6 (April 2013): 1167.
48. Ibid., 1168.
49. Ibid., 1169.

第5章

1. Oliver E. Williamson, *Markets and Hierarchies* (New York: Free Press, 1975).
2. これに関してはさまざまな資料がある。たとえば以下を参照されたい。Ernst Fehr and Simon Gachter, "Fairness and Retaliation: The Economics of reciprocity," *The Journal of Economic Perspectives* 14 (2000): 159–81.
3. ここではほんの一例として、次の二つを挙げておく。John O. Whitney, *The Trust Factor: Liberating Profits & Restoring Corporate Vitality* (New York: McGraw-Hill, 1994); Robert Sharkie, "Trust in Leadership Is Vital for Employee Performance," *Management Research News* 32, no. 5 (2009): 491–98.
4. "2013 Edelman Trust Barometer Finds a Crisis in Leadership," http://www.edelman.com/news/2013-edeloman-trust-barometer-finds-a-crisis-in-leadership
5. "Americans Still Lack Trust in Company Management Post-recession," http://www.martiz.com/Press-Releases/2011/Americans-Still-Lack-Trust-in-Company-Management-Post-Recession.
6. Roderick M. Kramer, "Rethinking Trust," *Harvard Business Review*, June 2009, 69–77.
7. Steve Hamm and Jay Greene, "The Man Who Could Have Been Bill Gates," *BusinessWeek*, October 24, 2004, www.bloomberg.com/bw/stories/2004-10-24/the-man-who-could-have-been-bill-gates.
8. Harold Evans, with Gail Buckland and David Lefer, *They Made America: Two Centuries of Innovators from the Steam Engine to the Search Engine* (Boston: Little, Brown, 1984).
9. David A. Kaplan, *The Silicon Boys and Their Valley of Dreams* (New York: William Morrow,

(March 2005): 384–94.
22. 関連文献を概観するには、以下を参照されたい。Ingrid Smithey Fulmer, Bruce Barry, and D. Adam Long, "Lying and Smiling: Informational and Emotional Deception in Negotiation," *Journal of Business Ethics* 88, no. 4 (September 2009): 691–709.
23. 引用元は以下のとおり。Peter Reilly, "Was Machiavelli Right? Lying in Negotiation and the Art of Defensive Self-Help," *Ohio State Journal on Dispute Resolution* 24, no. 3 (2009): 481.
24. Kim B. Serota, Timothy R. Levine, and Franklin J. Boster, "The Prevalence of Lying in America: Three Studies of Self-Reported Lies," *Human Communication Research* 36, no. 1 (January 2010): 2–25.
25. Megan Garber, "The Way We Lie Now," *The Atlantic*, September 2013, 15–16.
26. たとえば以下を参照されたい。Jill Doner Kagle, "Are We Lying to Ourselves about Deception," *Social Service Review* 72, no. 2 (June 1998): 234–50.
27. Bella M. DePaulo et al., "Lying in Everyday Life," *Journal of Personality and Social Psychology* 70, no. 5 (May 1996): 979–95.
28. Lisa L. Masssi Lindsey, Norah E. Dunbar, and Jessica C. Russell, "Risky Business or Managed Event? Perceptions of Power and Deception in the Workplace," *Journal of Organizational Culture, Communications and Conflict* 15, no. 1 (2011): 55.
29. Norah E. Dunbar et al., "Empowered by Persuasive Deception: The Effects of Power and Deception on Dominance, Credibility, and Decision Making," *Communication Research* 41, no. 6 (August 2014): 852–76.
30. Paul Ekman and Maureen O'Sullivan, "Who Can Catch a Liar?," *American Psychologist* 46, no. 9 (September 1991): 913–20.
31. C. F. Bond and B. M. DePaulo, "Accuracy of Deception Judgments," *Personality and Social Psychology Review* 10, no. 3 (2006): 214–34.
32. Alexander Dyck, Adair Morse, and Luigi Zingales, "Who Blows the Whistle on Corporate Fraud?," *The Journal of Finance* 65, no. 1 (February 2010): 2213–53.
33. Ernesto Reuben and Matt Stephenson, "Nobody Likes a rat: On the Willingness to Report Lies and the Consequences Thereof," *Journal of Economic Behavior and Organization* 93 (September 2013): 385.
34. Ibid., 384.
35. Floyd Norris, "Corporate Lies Are Increasingly Immune to Investor Complaints," *New York Times*, March 20, 2014.
36. Diana B. Henriques, "Oracle Agrees to a Fine over Accounting Moves," *New York Times*, September 25, 1993, www.nytimes.com/1993/09/25/business/company-news-oracle-agrees-to-a-fine-over-accounting-moves.html.
37. Michael Cohn, "Study Finds Financial restatements Declined after Sarbanes-Oxley," *Accounting Today*, July 24, 2014, www.accountingtoday.com/news/sarbanes-oxley/study-finds-financial-restatements-declined-Sarbanes-Oxley-71444-1.html.
38. Bond and DePaulo, "Accuracy of Deception Judgments," 216.
39. Marc Effron, "Calculating the Optimal Length of Time to Lie to Your Employees," *Talent Quarterly* 1, no. 1 (2014): 14.
40. Nicole Reudy, Celia Moore, Francesca Gino, and Maurice E. Schweitzer, "The Cheater's

3. Charles F. Bond, Jr., and Bella M. DePaulo, "Accuracy of Deception Judgments," *Personality and Social Psychology Review* 10, no. 3 (2006): 214–34.

4. たとえば以下を参照されたい。Warren Bennis, Daniel Goleman, and James O'Toole, *Transparency: Creating a Culture of Candor* (San Francisco: Jossey-Bass, 2008).

5. Bond and DePaulo, "Accuracy of Deception Judgments," 216.

6. Andrew Clark, "Former Bear Stearns Boss Jimmy Cayne Blames Conspiracy for Bank's Collapse," *Guardian* (U.K.), May 5, 2010, www.theguardian.com/business/2010/may/05/bear-stearns-boss-denies-blame.

7. Patricia Hurtado, "The London Whale," Bloombergview.com, January 9, 2015, www.bloomberg.com/quicktake/the-london-whale.

8. 本書の中で引用したラブマンの発言は、彼が私のクラスで行った講義のビデオで見ることができる。ビデオのタイトルは"Gary Loveman, January 30, 2009"。スタンフォード大学ビジネススクールで販売している。

9. "Leadership Journal to Retract Five Papers from FIU Scholar," *Retraction Watch* (blog), February 7, 2014, http://retractionwatch.com/2014/02/07/leadership-journal-to-retract-five-papers-from-FIU-scholar.

10. このエピソードに関してはさまざまな情報源がある。たとえば以下を参照されたい。Eyder Peralta, "Sen. Jon Kyl Corrects Erroneous Statement on Planned Parenthood," *The Two-Way* (blog), NPR.org, April 22, 2011, www.npr.org/blogs/thetwo-way/2011/04/22/135641326.

11. この件についても多数の情報源がある。たとえば以下を参照されたい。Abby D. Phillip, "James Clapper Apologizes to Congress for 'Clearly Erroneous' Testimony," ABCNews.com, July 2, 2013, http://abcnews.go.com/blogs/politics/2013/07/james-clapper-apologizes-to-congress-for-clearly-erroneous-testimony/.

12. Ralph Nader, *Unsafe at Any Speed: The Designed-In Dangers of the American Automobile* (New York: Grossman, 1965).

13. David A. Kaplan, *The Silicon Boys and Their Valley of Dreams* (New York: William Morrow, 1999), 122–23.

14. スタンフォード大学のウェブサイトでミラーの経歴を参照されたい。www.gsb.stanford.edu/faculty-research/faculty/william-f-miller.

15. Adam Satariano and Karen Gullo, "Steve Jobs's FBI File Notes Past Drug Use, Tendency to 'Distort Reality,'" *Bloomberg News*, February 9, 2012.

16. Caroline F. Keating and Karen R. Heltman, "Dominance and Deception in Children and Adults: Are Leaders the Best Misleaders? ," *Personality and Social Psychology Bulletin* 20, no. 3 (June 1994): 312.

17. D. R. Carney et al., "The Deception Equilibrium: The Powerful Are Better Liars but the Powerless Are Better Lie-Detectors" (unpublished manuscript, 2014), 2.

18. Erin Strout, "To Tell the Truth," *Sales and Marketing Management*, July 2002, 42.

19. Floyd Norris, "RadioShack Chief Resigns after Lying," *New York Times*, February 21, 2006.

20. Pamela Babcock, "Spotting Lies," http://www.shrm.org/publications/hrmagazine/editorialcontent/pages/1003babcock.aspx.

21. Uri Gneezy, "Deception: The Role of Consequences," *American Economic Review* 95, no. 1

Journal of Management 34, no. 1 (February 2008): 89–126.

6. 以下を参照されたい。www.authenticleadership.com.
7. 引用元ははっきりしない。とはいえジョージ・バーンズがコメディの中でこれを使ったことはまちがいない。以下を参照されたい。http://quoteinvestigator.com/2011/12/05/fake-honesty/.
8. オーセンティック・リーダーシップのこの定義は、リーダーシップ・クォータリー誌特集号に掲載された記事から引用した。Bruce J. Avolio and William L. Gardner, "Authentic Leadership Development: Getting to the Root of Positive Forms of Leadership," *The Leadership Quarterly* 16, no. 3 (June 2005): 315–38.
9. Ibid., 316.
10. Ibid., 327.
11. Michael Hyatt, "The 5 Marks of Authentic Leadership," July 3, 2012, http://michaelhyatt.com/the-five-marks-of-authentic-leadership.html.
12. "10 Things Authentic Leaders Do," Holden Leadership Center, University of Oregon, http://leadership.uoregon.edu/resources/exercises_tips/leadership_reflections/10_things_authentic_leaders_do.
13. Gerald R. Salancik and Mary Conway, "Attitude Inferences from Salient and Relevant Cognitive Content About Behavior," *Journal of Personality and Social Psychology* 32, no. 5 (November 1975): 829–40.
14. Sheryl Sandberg, *Lean In: Women, Work, and the Will to Lead* (New York: Knopf, 2013)
15. Michiko Kakutani, "Kennedy, and What Might Have Been," *New York Times*, August 12, 2013.
16. Bill Keller, "Nelson Mandela, Communist," *New York Times*, December 7, 2013.
17. Erving Goffman, *The Presentation of Self in Everyday Life* (New York: Anchor Books, 1959).
18. Harriet Rubin, "Shall I Compare Thee to an Andy Grove?," *Strategy + Business*, Winter 2007.
19. Seymour Lieberman, "The Effects of Changes in Roles on the Attitudes of Role Occupants," *Human Relations* 9, no. 4 (November 1956): 385–402.
20. Jeffrey Pfeffer and Gerald R. Salancik, "Determinants of Supervisory Behavior: A Role Set Analysis," *Human Relations* 28, no. 2 (March 1975): 139–54.
21. たとえば以下を参照されたい。Melvin L. Kohn and Carmi Schooler, "Occupational Experience and Psychological Functioning: An Assessment of Reciprocal Effects," *American Sociological Review* 38, no. 1 (February 1973): 97–118; and Melvin L. Kohn and Carmi Schooler, "Job Conditions and Personality: A Longitudinal Assessment of Their Reciprocal Effects," *American Journal of Sociology* 87, no. 6 (May 1982): 1257–86.

第4章

1. たとえば以下を参照されたい。Wikipedia, s.v. "Parson Weems," January 1, 2015, 18:32, http://en.wikipedia.org/wiki/Parson_Weems.
2. John Blake, "Of Course Presidents Lie," CNN.com, November 24, 2013, www.cnn.com/2013/11/24/politics/presidents-lie/.

35. Jacqueline Z. Bergman, James W. Westerman, and Joseph P. Daly, "Narcissism in Management Education," *Academy of Management Learning and Education* 9 (2010): 119–31.
36. この調査は以下で要約されている。Jacqueline Z. Bergman, James W. Westerman, and Joseph P. Daly, "Narcissism in Management Education," *Academy of Management Learning and Education* 9, no. 1 (March 2010): 119–31.
37. Barbora Nevicka, Femke S. Ten Velden, Annebel H. B. De Hoogh, and Annelies E. M. Van Vianen, "Reality at Odds with Perceptions: Narcissistic Leaders and Group Performance," *Psychological Science* 22, no. 10 (October 2011): 1259.
38. Val Singh, Savita Kumra, and Susan Vinnicombe, "Gender and Impression Management: Playing the Promotion Game," *Journal of Business Ethics* 37, no. 1 (April 2002): 79.
39. Sylvia Ann Hewlett and Ripa Rashid, *Asians in America: Unleashing the Potential of the "Model Minority"* (New York: Center for Work Life Policy), 20–21.
40. Ibid., 21–22.
41. P. Babiak, C. S. Neumann, and R. D. Hare, "Corporate Psychopathy: Talking the Walk," *Behavioral Sciences and the Law* 28, no. 2 (March/ April 2010): 174–93.
42. P. C. Patel and D. Cooper, "The Harder They Fall, the Faster They Rise: Approach and Avoidance Focus in Narcissistic CEOS," *Strategic Management Journal,* 35, no. 10 (October 2014): 1528–40.
43. Scott O. Lilienfeld, Irwin D. Waldman, Drisitn Landfield, Steven Rubenzer, Ashley L. Watts, and Thomas R. Faschingbauer, "Fearless Dominance and the U.S. Presidency: Implications of Psychopathic Personality Traits for Successful and Unsuccessful Political Leadership," *Journal of Personality and Social Psychology* 103, no. 3 (September 2012): 489.
44. Ashley L. Watts, Scott O. Lilienfeld, Sarah Francis Smith, Joshua D. Miller, W. Keith Campbell, Irwin D. Waldman, Steven J. Rubenzer, and Thomas J. Faschingbauer, "The Double-Edged Sword of Grandiose Narcissism: Implications for Successful and Unsuccessful Leadership among U.S. Presidents," *Psychological Science* 24, no. 12 (December 2013): 2379–89.
45. O'Reilly et al., "Narcissistic CEOs and Executive Compensation," 17.
46. Ibid., 21.

第3章

1. http://michiganross.umich.edu/about/dean-alison-davis-blake.
2. "What's Magical about Working for Disney? I'd Rather Go to Afghanistan," *Daily Mail* (London), October 27, 2010, www.dailymail.co.uk/news/article-1324098/work-Disney-id-fight-Taliban-Afghanistan.html.
3. Arlie Russell Hochschild, *The Managed Heart: Commercialization of Human Feeling* (Berkeley, CA: University of California Press, 1983).
4. Arlie Russell Hochschild, "Emotion Work, Feeling Rules, and Social Structure," *American Journal of Sociology* 85, no. 3 (November 1979): 551.
5. F. O. Walumbwa, B. J. Aviolio, W. L. Gardner, T. S. Wernsing, and S. J. Peterson, "Authentic Leadership: Development and Analysis of a Multi-dimensional Theory-Based Measure,"

18. Ibid.
19. R. Raskin and C. S. Hall, "The Narcissistic Personality Inventory: Alternate Form Reliability and Further Evidence of Construct Validity," *Journal of Personality and Social Psychology* 45, no. 2 (1981): 159–62.
20. Arijit Chatterjee and Donald C. Hambrick, "It's All about Me: Narcissistic Chief Executive Officers and Their Effects on Company Strategy and Performance," *Administrative Science Quarterly* 52, no. 3 (September 2007): 351–86.
21. J. M. Twenge, S. Konrath, J. D. Foster, W. K. Campbell, and B. J. Bushman, "Egos Inflating over Time: A Cross-Temporal Meta-analysis of the Narcissistic Personality Inventory," *Journal of Personality* 76, no. 4 (August 2008): 875–901.
22. J. D. Foster, W. K. Campbell, and J. M. Twenge, "Individual Differences in Narcissism: Inflated Self-Views across the Lifespan and around the World," *Journal of Research in Personality* 37, no. 6 (December 2003): 469–86.
23. James W. Westerman, Jacqueline Z. Bergman, Shawn M. Bergman, and Joseph P. Daly, "Are Universities Creating Millennial Narcissistic Employees? An Empirical Examination of Narcissism in Business Students and Its Implications," *Journal of Management Education* 36, no. 1 (2012): 5–32.
24. Raymond B. Nickerson, "Confirmation Bias: A Ubiquitous Phenomenon in Many Guises," *Review of General Psychology* 2, no. 2 (June 1998): 175–220.
25. Robert B. Zajonc, "Attitudinal Effects of Mere Exposure," *Journal of Personality and Social Psychology Monograph Supplement* 9, no. 2 (June 1968): 1–27.
26. Karin Proost, Karel De Witte, Bert Schreurs, and Eva Derous, "Ingratiation and Self-Promotion in the Selection Interview: The Effects of Using Single Tactics or a Combination of Tactics on Interviewer Judgments," *Journal of Applied Social Psychology* 40, no. 9 (September 2010): 2155–69.
27. この調査については前掲論文を参照されたい。
28. C. Anderson, S. Brion, D. A. Moore, and J. A. Kennedy, "A Status-Enhancement Account of Overconfidence," *Journal of Personality and Social Psychology* 103, no. 4 (October 2012): 718–35.
29. Jessica A. Kennedy, Cameron Anderson, and Don A. Moore, "When Overconfidence Is Revealed to Others: Testing the Status-Enhancement Theory of Overconfidence," *Organizational Behavior and Human Decision Processes* 122, no. 2 (November 2013): 275.
30. Rosenthal and Pittinsky, "Narcissistic Leadership," 623.
31. この件は以下で論じられている。Charles A. O'Reilly III, Bernadette Doer, David F. Caldwell, and Jennifer A. Chatman, "Narcissistic CEOs and Executive Compensation," *The Leadership Quarterly*, 25, no. 2 (April 2014): 218–31.
32. Amy B. Brunell, William A. Gentry, W. Keith Campbell, Brian J. Hoffman, Karl W. Kuhnert, and Kenneth G. DeMarree, "Leader Emergence: The Case of the Narcissistic Leader," *Personality and Social Psychology Bulletin* 34, no. 12 (2008): 1663–76.
33. Barbara Nevicka, Annebel H. De Hoogh, Annelies E. Van Vianen, Bianca Beersma, and Doris McIlwain, "All I Need Is a Stage to Shine: Narcissists' Leader Emergence and Performance," *Leadership Quarterly* 22, no. 5 (October 2011): 910–25.
34. Malcolm Gladwell, "The Talent Myth," *The New Yorker*, July 22, 2002.

第2章

1. "Bill Bradley Qutoes," ThinkExist.com, http://thinkexist.com/quotes/bill_bradley, 2015年1月21日に閲覧。
2. Beth Belton, "Chicago Mayor Blasts New Trump Sign," *USA Today*, June 13, 2014.
3. Keith Morrison, "'Apprentice' Lessons for Business Students?," NBCnews.com, April 17, 2004, www.nbcnews.com/id/4757288/ns/dateline_nbc/t/apprentice-lessons-business-students.
4. "Donald Trump: The Genius of Self-Promotion," ABCnews.com, September 16, 2004, http://abcnews.go.com/Primetime/story?id=132337.
5. Jim Collins, "Level 5 Leadership: The Triumph of Humility and Fierce Resolve," *Harvard Business Review* 83 (July 2005): 136–46.
6. たとえば以下を参照されたい。Ralph M. Stogdill, "Personal Factors Associated with Leadership: A Survey of the Literature," *The Journal of Psychology: Interdisciplinary and Applied* 25 (1948): 35–71.
7. Silke Astrid Eisenbeiss, "Re-thinking Ethical Leadership: An Interdisciplinary Integrative Approach," *The Leadership Quarterly* 23, no. 5 (October 2012): 791–808.
8. Colette Hoption, Julian Barling, and Nick Turner, "'It's Not You, It's Me': Transformational Leadership and Self-Deprecating Humor," *Leadership and Organization Development Journal* 34, no. 1 (2013): 4–19.
9. Brett W. Pelham, Mauricio Carvallo, and John T. Jones, "Implicit Egotism," *Current Directions in Psychological Science* 14, no. 2 (2005): 106–10.
10. Jack L. Knetsch, "The Endowment Effect and Evidence of Nonreversible Indifference Curves," *American Economic Review* 79, no. 5 (December 1989): 1277–84.
11. Ibid.
12. Christian J. Resick, Daniel S. Whitman, Steven M. Weingarden, and Nathan J. Hiller, "The Bright-Side and the Dark-Side of CEO Personality: Examining Core Self-Evaluations, Narcissism, Transformational Leadership, and Strategic Influence," *Journal of Applied Psychology* 94, no. 6 (November 2009): 1365–81.
13. C. Wortman and J. Linsenmeier, "Interpersonal Attraction and Techniques of Ingratiation," in *New Directions in Organizational Behavior*, eds. B. M. Staw and G. R. Salancik (Chicago: St. Clair Pess, 1977), 133–78.
14. D. R. Forsythe, R. Berger, and T. Mitchell, "The Effects of Self-Serving vs. Other-Serving Claims of responsibility on Attraction and Attribution in Groups," *Social Psychology Quarterly* 44, no. 1 (March 1981): 59–64.
15. W. Wosinska, A. J. Dabul, R. Whetstone-Dion, and R. B. Cialdini, "Self-Presentational Responses to Success in the Organization: The Costs and Benefits of Modesty," *Basic and Applied Social Psychology* 18, no. 2 (1996): 229–42.
16. Michael Maccoby, *The Productive Narcissist: The Promise and Peril of Visionary Leadership* (New York: Broadway Books, 2003).
17. Seth A. Rosenthal and Todd L. Pittinsky, "Narcissistic Leadership," *The Leadership Quarterly* 17, no. 6 (December 2006): 617–33.

20. Philip R. P. Coelho and James E. McClure, “Learning from Failure,” *American Journal of Business* 20, no. 1 (2005): 1.
21. Jerker Denrell and Chengwei Liu, “Top Performers Are Not the Most Impressive When Extreme Performance Indicates Unreliability,” *Proceedings of the National Academy of Sciences of the United States of America* 109, no. 24 (June 12, 2012): 9331–36.
22. Jonah Berger, Marc Meredith, and S. Christian Wheeler, “Contextual Priming: Where People Vote Affects How They Vote,” *Proceedings of the National Academy of Sciences* 105, no. 26 (July 1, 2008): 8846–49.
23. Chen-Bo Zhong and Sanford E. DeVoe, “You Are How You Eat: Fast Food and Impatience,” *Psychological Science* 21, no. 5 (2010): 619–22.
24. Francesca Gino, Michael I. Norton, and Dan Ariely, “The Counterfeit Self: The Deceptive Costs of Faking It,” *Psychological Science* 21, no. 5 (2010): 712–20.
25. Chen-Bo Zhong, Vanessa K, Bohns, and Francesca Gino, “Good Lamps Are the Best Police: Darkness Increases Dishonesty and Self-Interested Behavior,” *Psychological Science* 21, no. 3 (2010): 311–14.
26. Brian Wansink, *Mindless Eating* (New York: Bantam Books, 2006).
27. Lisa L. Shu, Francesca Gino, and Max H. Bazerman, “Dishonest Deed, Clear Conscience: When Cheating Leads to Moral Disengagement and Motivated Forgetting,” *Personality and Social Psychology Bulletin* 37, no. 3 (March 2011): 330–49.
28. Nicholas A. Christakis and James H. Fowler, “The Spread of Obesity in a Large Social Network over 32 Years,” *New England Journal of Medicine* 357, no. 4 (July 26, 2007): 370–79.
29. Lee Ann Kaskutas, Jason Bond, and Keith Humphreys, “Social Networks as Mediators of the Effect of Alcoholics Anonymous,” *Addiction* 97, no. 7 (July 2002): 891–900.
30. Keith Ferrazzi, “Managing Change, One Day at a Time,” *Harvard Business Review* 92 (July–August 2014): 23–25.
31. Ibid., 24.
32. たとえば以下を参照されたい。Edwin A. Locke and Gary P. Latham, “Building a Practically Useful Theory of Goal Setting and Task Motivation: A 35-Year Odyssey,” *American Psychologist* 57, no. 9 (September 2002): 705–17.
33. Benoit Monin and Dale Miller, “Moral Credentials and the Expression of Prejudice,” *Journal of Personality and Social Psychology* 81, no. 1 (July 2001): 33–43.
34. Daylian M. Cain, George Loewenstein, and Don A. Moore, “The Dirt on Coming Clean: Perverse Effects of Disclosing Conflicts of Interest,” *Journal of Legal Studies* 34, no. 1 (January 2005): 1–25.
35. Sonya Sachdeva, Rumen Iliev, and Douglas L Medin, “Sinning Saints and Saintly Sinners: The Paradox of Moral Self-regulation,” *Psychological Science* 20, no. 4 (April 2009): 523–28.
36. Anna C, Merritt, Daniel A. Effron, and Benoit Monin, “Moral Self-Licensing: When Being Good Frees Us to Be Bad,” *Social and Personality Psychology Compass* 4, no. 5 (May 2010): 344.
37. Jeffrey Pfeffer and Robert I. Sutton, *The Knowing-Doing Gap: How Smart Companies Turn Knowledge into Action* (Boston: Harvard Business School Press, 1999).

53. Gurdjian, Halbeisen, and Lane, “Why Leadership-Development Programs Fail.”

第1章

1. Rosabeth M. Kanter, “Power Failure in Management Circuits,” *Harvard Business Review* 57 (July–August 1979): 65–75.
2. Review of *Power: Why Some People Have It—and Others Don’t*, by Jeffrey Pfeffer, *Publishers Weekly*, June 21, 2010, www.publishersweekly.com/978-0-06-178908-3.
3. ヴレリックのウェブサイトは以下。www.vlerick.com/en; 2013年12月28日に閲覧。
4. オーストラリア経営大学院のウェブサイトは以下。www.business.unsw.edu.au/agsm/about/why-agsm; 2015年1月14日に閲覧。
5. Bill George and Peter Sims, *True North: Discover Your Authentic Leadership* (San Francisco: Jossey-Bass, 2007).
6. Thomas F. O’Boyle, *At Any Cost: Jack Welch, General Electric, and the Pursuit of Profit* (New York: Knopf, 1998).
7. Jonathon D. Brown, “Evaluations of Self and Others: Self-Enhancement Biases in Social Judgments,” *Social Cognition* 4, no. 4 (December 1986): 353–76.
8. たとえば以下を参照されたい。Frederic D. Woocher, “Did Your Eyes Deceive You? Expert Psychological Testimony on the Unreliability of Eyewitness Identification,” *Stanford Law Review* 29, no. 5 (May 1977): 969–1030.
9. Ben Dolnick, “Star-Struck,” *New York Times Magazine*, August 4, 2013, 50.
10. William von Hippel and Robert Trivers, “The Evolution and Psychology of Self-Deception,” *Behavioral and Brain Sciences* 34, no. 1 (February 2011): 1–16.
11. Melvin J. Lerner, *The Belief in a Just World: A Fundamental Delusion* (New York: Plenum, 1980).
12. Chip Heath and Dan Heath, *Made to Stick: Why Some Ideas Survive and Others Die* (New York: random House, 2007).
13. Sigmund Freud, *The Future of an Illusion*, trans. W. D. Robson Scott (Mansfield Center, CT: Martino Publishing, 2011 [1927]).
14. Jeffrey Pfeffer and Robert I. Sutton, *Hard Facts, Dangerous Half-Truths, and Total Nonsense: Profiting from Evidence-Based Management* (Boston: Harvard Business School Press, 2006).
15. Vernge G. Kopytoff and Claire Cain Miller, “Yahoo Board Fires Chief Executive,” *New York Times*, September 6, 2011.
16. Michael Eric Dyson, “A Useful Hero,” *New York Times Magazine*, January 16, 2000, 14.
17. Rick Lyman, “To Call Mandela a Saint Is to Dishonour His Memory,” *Daily Maverick*, December 6, 2013, http://www.dailymaverick.co.za/opinionista/2013-12-06-to-call-mandela-a-saint-is-to-dishonour-his-memory/#.VNpK2fnF98E.
18. John Storey and Elizabeth Barnett, “Knowledge Management Initiatives: Learning from Failure,” *Journal of Knowledge Management* 4, no. 2 (2000): 145–56.
19. A. C. Edmondson, “Learning from Failure in Health Care: Frequent Opportunities, Pervasive Barriers,” *Quality and Safety in Health Care* 13, suppl. 2 (December 2004): ii3.

33. Kaiser and Curphy, "Leadership Development," 295.

34. S. A. Rosenthal, *National Leadership Index 2012: A National Study of Confidence in Leadership* (Cambridge, MA: Center for Public Leadership, Harvard Kennedy School, Harvard University, 2012).

35. Kaiser and Curphy, "Leadership Development," 295.

36. Donald A. Palmer, "The New Perspective on Organizational Wrongdoing," *California Management Review* 56, no. 1 (Fall 2013): 8.

37. Pete Weaver and Simon Mitchell, *Lessons for Leaders from the People Who Matter: How Employees Around the World View Their Leaders* (Pittsburgh: DDI International, 2012).

38. D. S. Wilson and E. O. Wilson, "Rethinking the Theoretical Foundations of Sociobiology," *The Quarterly Review of Biology* 82, no. 4 (December 2007): 328.

39. たとえば以下を参照されたい。Jon K. Maner and Nicole L. Mead, "The Essential Tension between Leadership and Power: When Leaders Sacrifice Group Goals for the Sake of Self-Interest," *Journal of Personality and Social Psychology* 99, no. 3 (September 2010): 482–97.

40. この件は、シリコンバレー関連のメディアで広く取り上げられた。たとえば、M. G. Siegler, "Dick Costolo: Mission Accomplished," *TechCrunch*, October 4, 2010, www.techcrunch.com/2010/10/04/dickcostolo/. リンク先の記事も参照されたい。

41. SupriyaKuraneandGerryShih,"TwitterChiefOperatingOfficerresignsas Growth Lags," *Reuters*, June12, 2014,www.reuters.com/article/2014/06/12/us-twitter-managementchanges-idUSKBNOEN07420140612.

42. このエピソードは広く知られている。たとえば、"Dr. Semmelweis' Biography," Semmelweis Society International, 2009, http://semmelweis.org/about/dr-semmelweis-biogrpahy/.

43. www.cdc.gov/mmwr/preview/mmwrhtml/rr5116a1.htm.

44. Boas Hamir, Robert J. House, and Michael B. Arthur, "The Motivational Effects of Charismatic Leadership: A Self-Concept Based Theory," *Organization Science* 4, no. 4 (November 1993): 577–94.

45. J. A. Conger, R. N. Kanungo, and S. T. Menon, "Charismatic Leadership and Follower Effects," *Journal of Organizational Behavior* 21 (2000), 747– 67.

46. Daan van Knippenberg and Sim B. Sitkin, "A Critical Assessment of Charismatic-Transformational Leadership research: Back to the Drawing Board?," *Academy of Management Annals* 7 (2013): 1–60.

47. Institute for Corporate Productivity, *Next Practices for Global-Minded Organizations*, 2013, www.i4cp.com.

48. Dennis E. Clayson, "Student Evaluations of Teaching: Are They Related to What Students Learn? A Meta-Analysis and review of the Literature," *Journal of Marketing Education* 31, no. 1 (April 2009): 16.

49. J. Scott Armstrong, "Are Student ratings of Instruction Useful?" *American Psychologist* 53, no. 11 (November 1998): 1223.

50. Ibid.

51. Ibid.

52. Institute for Corporate Productivity.

2001): 73–84.

15. Christine M. Pearson and Christine L. Porath, "On the Nature, Consequences, and Remedies of Workplace Incivility: No Time for 'Nice'? Think Again," *The Academy of Management Executive* 19, no. 1 (February 2005): 7–18.

16. Ibid., 7.

17. Susan Adams, "Americans Are Starting to Hate Their Jobs Less, Study Shows," *Forbes*, June 28, 2012, www.forbes.com/sites/susanadams/2012/06/28/americans-are-starting-to-hate-their-jobs-less-study-shows/.

18. Susan Adams, "New Survey: Majority of Employees Dissatisfied," *Forbes*, May 18, 2012, www.forbes.com/sites/susanadams/2012/05/18/new-survey-majority-of-employees-dissatisfied.

19. *State of the American Workplace: Employee Engagement Insights for U.S. Business Leaders* (Lincoln, NE: Gallup, 2012).

20. Steve Crabtree, "Worldwide, 13% of Employees Are Engaged at Work," Gallup, October 8, 2013, www.gallup.com/pol/165269/worldwide-employees-engaged-at-work/.

21. 以下で引用された。Mark Crowley, "Gallup's Workplace Jedi on How to Fix Our Employee Engagement Problem," *Fast Company*, June 4, 2013.

22. Xu Jia-ni, Yu De-hua, and Li Jian-gang, "The Mediating Effects of Psychological Empowerment on Leadership Style and Employee Satisfaction in Hospitals," in *2012 International Conference on Management Science and Engineering, 19th Annual Conference Proceedings* (September 20–22, 2012, Dallas, Texas), 1215.

23. S-C Chou, D. P. Boldy, and A. H. Lee, "Measuring Job Satisfaction in Residential Aged Care," *International Journal for Quality in Health Care* 14, no. 1 (February 2002): 49–54.

24. Stina Fransson Sellgren, Goran Ekvall, and Goran Tomson, "Leadership Behaviour of Nurse Managers in relations to Job Satisfaction and Work Climate," *Journal of Nursing Management* 16, no. 5 (July 2008): 579.

25. *CEO Succession Practices: 2012 Edition*, report #R-1492-12-RR (New York: Conference Board, 2012).

26. Ken Favaro, Per-Ola Karlsson, and Gary Neilson, *CEO Succession Report: 12th Annual Global CEO Succession Study* (New York: Booz and Company, 2012).

27. Bill Gentry, "Derailment: How Successful Leaders Avoid It," in *The ASTD Leadership Handbook*, ed. Elaine Biech (Washington, DC: ASTD Press, 2010), 312.

28. Robert Hogan and Joyce Hogan, "Assessing Leadership: A View from the Dark Side," *International Journal of Selection and Assessment* 9, no. 1/2 (March–June 2001): 41.

29. Ronald J. Burke, "Why Leaders Fail: Exploring the Darkside," *International Journal of Manpower* 27, no. 1 (2006): 91–100.

30. Gurdjian, Halbeisen, and Lane, "Why Leadership-Development Programs Fail."

31. これらの数字は以下に拠った。Brad Hall, "Today's Leadership Development Approach Does Not Work," *The Street*, April 14, 2014, www.thestreet.com/story/12668089/1/todays-leadership-development-approach-does-not-work.html.

32. Institute for Corporate Productivity, *The Top 10 Critical Human Capital Issues: Enabling Sustained Growth through Talent Transparency*, 2014.

原注

はじめに

1. たとえば、以下を参照されたい。Thomas P. Duffy, "The Flexner report—100 Years Later," *Yale Journal of Biology and Medicine* 84, no. 3 (September 2011): 269–76.

序章

1. たとえば、以下を参照されたい。Jerry Hirsch and Jim Puzzanghera, "Lawmaker: GM response to Ignition Switch Issue 'Smacks of Cover-Up,'" *Los Angeles Times*, June 18, 2014.
2. Zlati Meyer, "This Week in Michigan History: GM's President Says Sorry to Ralph Nader for Harassment," *Detroit Free Press*, March 18, 2012, www.freep.com/article/20120318/NEWS01/203180469.
3. Robert B. Kaiser and Gordy Curphy, "Leadership Development: The Failure of an Industry and the Opportunity for Consulting Psychologists," *Consulting Psychology Journal: Practice and Research* 65, no. 4 (December 2013): 294–302.
4. Barbara Kellerman, *Hard Times: Leadership in America* (Stanford, CA: Stanford University Press, 2015).
5. たとえば、以下を参照されたい。Stanley Lieberson and James F. O'Connor, "Leadership and Organizational Performance: A Study of Large Corporations," *American Sociological Review*, 37, no. 2 (April 1972): 117–30; and Gerald R. Salancik and Jeffrey Pfeffer, "Constraints on Administrative Discretion: The Limited Influence of Mayors on City Budgets," *Urban Affairs Quarterly* 12, no. 2 (June 1977): 475–98.
6. James R. Meindl, Sanford B. Ehrlich, and Janet M. Dukerich, "The Romance of Leadership," *Administrative Science Quarterly* 30, no. 1 (March 1985): 78.
7. Pierre Gurdjian, Thomas Halbeisen, and Kevin Lane, "Why Leadership-Development Programs Fail," *McKinsey Quarterly*, January 2014, www.mckinsey.com/insights/leading_in_the_21st_century/why_leadership-development_programs_fail.
8. Barbara Kellerman, *The End of Leadership* (New York: HarperCollins, 2012), 154.
9. ASTD Staff, "$156 Billion Spent on Training and Development," December 6, 2012, www.astd.org/publications/Blogs/ASTD-Blog02012/12/.
10. Gurdjian, Halbeisen, and Lane, "Why Leadership-Development Programs Fail"; Kaiser and Curphy, "Leadership Development," 294.
11. Robert I. Sutton, *The No Asshole Rule: Building a Civilized Workplace and Surviving One That Isn't* (New York: Business Plus, 2007).
12. Charlotte Rayner, "The Incidence of Workplace Bullying," *Journal of Community and Applied Social Psychology* 7, no. 3 (June 1997): 199–208.
13. Lyn Quine, "Workplace Bullying in NHS Community Trust: Staff Questionnaire Survey," *British Medical Journal* 318, no. 7178 (January 1999): 228–32.
14. Lyn Quine, "Workplace Bullying in Nurses," *Journal of Health Psychology* 6, no. 1 (January

著者　ジェフリー・フェファー　Jeffrey Pfeffer
スタンフォード大学ビジネススクール教授（トーマス・D・ディー２世記念講座）。
専門は組織行動学。『「権力」を握る人の法則』『なぜ、わかっていても実行できないのか』など、これまで14冊の著作があり、とくに権力やリーダーシップなどのテーマでは高い人気を誇る。経営学の第一人者として知られ、ロンドン・ビジネス・スクール、ハーバード大学ビジネススクール、シンガポール・マネジメント大学、IESEなどでも客員教授として教鞭をとるかたわら、複数のソフトウェア企業や上場企業、非営利組織の社外取締役も務める。カリフォルニア州ヒルズバラ在住。

訳者　村井章子　Akiko Murai
翻訳家。
上智大学文学部卒業。主な訳書に、ジェフリー・フェファー『「権力」を握る人の法則』、シェリル・サンドバーグ『LEAN IN（リーン・イン）』、トマ・ピケティ『トマ・ピケティの新・資本論』、ダニエル・カーネマン『ファスト＆スロー』、リチャード・P・ルメルト『良い戦略、悪い戦略』、ミルトン・フリードマン『資本主義と自由』、ラス・ロバーツ『スミス先生の道徳の授業』などがある。

悪いヤツほど出世する

2016年6月22日　1刷

著　者　ジェフリー・フェファー
訳　者　村井章子
発行者　斎藤修一
発行所　日本経済新聞出版社
〒100－8066
東京都千代田区大手町１－３－７
電話　(03)3270-0251(代)
http://www.nikkeibook.com/
印刷・製本　凸版印刷
DTP　マーリンクレイン
デザイン　小口翔平 ＋ 上坊菜々子(tobufune)

ISBN 978-4-532-32081-2 Printed in Japan